영어 잘하는 사람보다
매―――일 하는 사람

영어 잘하는 사람보다
매———일 하는 사람

25만 팔로워가 열광한
혼공스쿨 멘토 22인의 영어 필승법

신영환 외 혼공스쿨 21인 지음

English

서 사 원

언어를 배운다는 것은
또 다른 세상을 여는 것.

당신의 언어적 자유를 위하여.

대한민국 대표 영어 전문가들이 먼저 읽었습니다

홍현주 박사
어린이영어교육연구회 대표

어떤 문제를 해결하기 위해 우리가 할 수 있는 방법은 두 가지입니다. 하나는 문제 자체를 해결하는 일. 또 하나는 문제가 일어나는 맥락을 살피고 전후를 파악해 다시 문제가 발생하지 않도록 하는 것입니다. 영어는 한 가지 기술, 혹은 방법만으로는 제대로 학습되기 어렵습니다. 언어는 총체적으로 접근해야 합니다. 이 책은 영어 공부에 적합한 콘텐츠를 찾고 그것을 활용해 최대한의 학습의 효과를 끌어내는 방법을 알려줍니다. 혼자 영어를 공부하는 사람들이 22인 멘토들의 경험을 읽고 가이드 삼아 연습하면서 자기만의 학습법을 발견하기를 응원합니다.

6

케쌤 이종학
케쌤영어 대표

　　'영어 공화국' 대한민국. 시험 영어는 세계 상위 수준이지만, 정작 쓰고 말하는 실용 영어는 세계 하위권에 머물고 있는 게 우리의 현실입니다. 오랫동안 영어 공부에 도전하고, 실패하고, 좌절하는 악순환 속에서도 여전히 희망을 놓지 않은 성인 영어 학습자 여러분. 저는 성인 영어 분야에서 20년째 수십만 명을 가르치고 있습니다. 영어로 먹고사는 사람인 만큼 어떻게 해야 영어를 잘할 수 있는지 조금은 알고 있습니다. 이 책은 처음부터 끝까지 오로지 사용자의 눈높이에 맞춰 불필요한 설명 대신 실용적인 내용과 세심하고 영리한 노하우가 가득합니다. 목차만 봐도 "이게 바로 내가 진짜 궁금했던 내용이야!"라는 말이 저절로 나올 거라 장담합니다. 훌륭한 현직 선생님들의 내공이 어우러져 하나의 작품masterpiece이 만들어지는 위대한 순간을 보는 것 같습니다. 여기에 독자 여러분이 열정을 더해 실행해본다면 자신의 목표에 더욱 가까이 다가갈 수 있을 거라 믿어 의심치 않습니다.

정승익

EBS 영어 강사

이 책은 혼자 공부하면서도 영어 고수가 되는 길을 알려줍니다. 단순히 시험만을 위해서가 아니라 인생을 바꿀 수 있는 도구이자 무기로서의 영어 실력을 높이는 방법을 안내합니다. 듣기, 말하기, 읽기, 쓰기의 모든 영역에 대한 공부법을 아우르고 있어 균형 잡힌 실력을 갖출 수 있게 도와줍니다. 저는 혼공이 진짜 공부라고 굳게 믿습니다. 영어가 어렵다고 해서 학원이나 과외부터 알아보지 마세요. 혼자서 기초를 닦고 어느 정도 탄력이 붙었을 때 외부의 도움을 받아야 훨씬 더 효과적입니다. 시작은 언제나 '혼공'이어야 합니다. 혼공으로도 얼마든지 원하는 바를 달성할 수 있습니다. 단, 어디로 가야 할지도 모르고 뛰면 안 되겠죠. 이 책은 혼공을 시작하고자 하는 여러분에게 좋은 나침반이 되어줄 것입니다. 나침반의 빨간 침은 항상 북쪽을 가리키죠. 이 책에서 제시하는 혼공의 방법대로 실천하면 그 끝에는 영어를 통한 새로운 세계가 기다리고 있을 겁니다. 이 책을 읽는 모든 분의 미래를 힘껏 응원합니다.

효린파파 성기홍
EBS 영어 강사

한국인은 학창 시절에 열심히 영어 문법, 영어 단어를 외우며 다년간 영어 '공부'를 했음에도 불구하고 간단한 영어 표현도 입 밖으로 내기 쉽지 않습니다. 여전히 많은 성인 학습자가 영어에 갈증을 느끼며 영어로부터 자유로워지고 싶어 합니다. 영어 독립, 어떻게 할 수 있을까요? 이 책은 영어를 어떻게, 어떤 마음으로 접근해야 하며, 어떤 방법이 효과적이고 효율적인지, 어떤 자료가 유용하고 재미있는지 아낌없이 풀어놓은 책입니다. 학습자의 성향과 기호에 따라 '나에게 꼭 맞는' 영어 접근법을 찾을 수 있을 것입니다. 오랜 시간 영어를 공부했지만, 실력은 제자리인 것 같은 분이라면 이 책을 통해 현실적인 해답을 찾을 수 있을 것입니다.

김지원
EBS 영어 강사

새해만 되면 영어 강의를 결제하고 교재를 사고 거창한 계획을 세우지만, 며칠 후면 슬금슬금 영어 공부를 외면하게 됩니다. 새해에 차오른 의욕은 어디로 다 사라져버린 걸까요. 영어 공부가 작심삼일이 되지 않으려면 동기부여가 무엇보다 중요합니다. 어떤 공부든 스스로 해야 내 것이 되기 마련입니다. 영어 또한 마찬가지죠. 이 책은 영어 공부를 '오래' 지속적으로, 무엇보다 국내에서 효과적으로 할 수 있는 법을 알려줍니다. 4가지 영역별로 가장 효율적이고 실용적으로 적용할 수 있는 학습법만 일목요연하게 정리했습니다. 올해 영어 공부 목표는 이 책과 함께 꾸준히 이뤄가시길 바랍니다.

김명호
다니엘쌤

자극적이고 허황된 공부법이 난무하는 시대에 이렇게 효율적이면서도 검증된 방법을 공유하는 책이 나와 기쁩니다. 영어 교육의 현장에서 수많은 학생을 가르친 선생님들이 머리를 맞대고 협업하여 범용적이면서도 실용적인 공부 방법을 학습 분야별로 정리한, 매우 의미 있는 책이라고 생각합니다. 이 책에는 실제 자기 경험을 바탕으로, 온전히 책임질 수 있는 내용으로만 알차게 꾸리기 위해 노력한 흔적이 가득합니다. 영어를 공부하고 싶지만, 어떻게 시작해야 할지 막막한 모든 성인 학습자에게 유용하고 값진 지침서가 될 것입니다.

현서아빠 배성기
디지털 영어 교육 전문가

한국인의 영원한 숙제 영어! 대한민국에서 영어를 잘한다는 것은 영어 능력 이상의 의미를 지닙니다. 학교 다닐 때는 좋은 대학에 진학할 자격이 주어진다는 것. 입시 영어를 벗어나면 외국인과 자유롭게 의사소통을 하거나, 영어 기사나 유튜브 등 다양한 채널에서 영어 자료에 접근할 수 있고, 나아가 외국에 나가 일을 하거나 경험을 쌓을 수 있다는 것. 외국어를 공부하는 것은 '나의 세계'를 확장하는 일입니다. 영어를 잘하고 싶은 이유를 정확히 알고 공부할 때와 그렇지 않을 때의 차이는 생각보다 큽니다. 목표에 따라 공부하는 방법이 달라지기 때문입니다. 이 책은 독자 스스로 왜 영어를 잘하고 싶은지 이유를 찾고, 그에 맞는 최선의 방법으로 목표를 달성하게 도와줍니다. 다양한 영어 교육 전문가들의 학습법을 활용해 나만의 방법을 찾아보시기 바랍니다.

영어 학습의 연결점_{DOT}을
찾아서

스티브 잡스는 미국의 한 유명 대학 졸업 연설에서 전 세계인의 가슴을 뜨겁게 만들었다. 수많은 인생의 선택은 그 순간 아무 의미 없는 점처럼 보일지라도 그 점을 이으면 무엇이든 그려진다는 것. 바로 'Connecting the dots'. 그 연결성을 찾아내는 게 중요한 과제일 것이다. 어쩌면 영어도 마찬가지 아닐까.

물론, 요즘 아이들은 어릴 때부터 영어에 대한 노출도 빠르고, 실생활에서 영어를 사용할 기회가 많은 편이다. 하지만 성인의 경우, 입시나 취업 위주의 영어 공부를 했을 가능성이 크다. 토익 만점자가 해외에 나가서 말 한마디 못한다는 우스갯소리는 한국 영어 교육의 현실을 보여준다. '인풋_{Input}' 위주의 공부를 통해 대학도

가고 졸업도 했는데 취업하니 '아웃풋 Output'까지 요구된다. 오랫동안 시험 영어라는 독에 물을 가득 부었는데 이제는 다른 독에 다시 물을 부어야 한단다. 그렇다고 실망하지는 말자. 그동안 부었던 물이 아무런 쓸모가 없지는 않으니까.

이미 습득한 수준 높은 언어가 있으면 다른 언어를 학습할 때도 도움이 된다는 다양한 연구 결과가 있다. 영어를 모국어로 쓰거나 제2언어로 쓰는 환경과 비교해 턱없이 부족하지만, 우리 모두 원어민처럼 영어를 구사하는 데 목표를 둘 필요는 없다. 영어 교육 전문가이자, 일부는 원어민에 가까운 영어 실력을 갖춘 혼공스쿨 멘토들은 실제 학교 공부를 바탕으로 개인의 영어 실력을 꾸준히 향상시키면 좋은 결과로 이어진다는 것을 경험을 통해 증명해왔다.

혼공스쿨 멘토들은 학생들을 위한 영어 교육에 힘쓰면서 아이들뿐만 아니라 부모나 성인 학습자도 영어를 잘하고 싶은 마음이 크다는 걸 알게 되었다. 게다가 대한민국에서 성인들이 영어 학습을 하며 느끼는 답답함에 깊이 공감했다. 그래서 성인 영어 학습자의 실력 향상에 도움이 되고자 자신의 경험을 모으기 시작했다. 혼공스쿨 멘토들은 국내에서 영어 공부를 했다는 공통

점이 있다. 온갖 시행착오를 겪으면서도 영어 공부에 대한 의지를 놓지 않았고, 스스로 즐겁고 꾸준하게 영어를 공부할 수 있는 환경을 만들었기에 결과적으로 높은 수준에 도달할 수 있었다. 멘토들의 경험을 모아보니 성인 영어 공부에 필요한 공통점을 찾을 수 있었다.

이 책은 국내에서 성공적으로 영어 공부를 하는 데 필요한 핵심 노하우를 모아 만들었다. 영어 공부에 대한 마인드셋부터 영어 학습에 필수로 길러야 할 4대 능력(듣기, 말하기, 읽기, 쓰기)과 영어 실력 향상에 도움을 준 학습 도구 등 교집합을 모아 정리했다. 어느 한 사람의 성공 경험은 일반적인 학습법이 되기 어렵지만, 여러 사람이 성공했던 방법이라면 독자들이 믿고 선택해 시도해볼 수 있을 것이다.

효율적인 공부법을 알아가되 영어 공부가 자신의 삶으로 들어와야 한다. 어떤 이는 하루에 몇 시간씩 투자할 수도 있겠지만, 성인 학습자들이 그 정도의 시간을 내기란 쉽지 않을 것이다. 하루에 단 10분이라도 영어를 쓰려고 노력해보자. 언어 학습은 운동과 같다. 꾸준히 한다면 분명 변화가 일어날 것이다. 운동도 처음 시작할 때 누군가의 도움이 필요한 것처럼 자기에게 맞는 '영어 코치'를 찾아보자. 반드시 학교나 학원 선생님일 필요는 없다. 원서나 영화, 드라마 등 콘텐츠가 될 수도 있고 영어 공부 애플리케이션이나 소규모 모임, 커뮤니티 등 학습을 유지할 방법은 다양하다.

어떤 일이든 실패나 실수가 따르기 마련이지만, 이 책을 통해 영어를 학습하는 독자들이 조금이나마 시행착오를 줄일 수 있기를 바란다. 자신에게 필요한 영어가 무엇이고, 잘할 수 있는 공부 방법은 무엇인지 고민하는 시간을 갖기를. 무엇보다 영어 공부에서 가장 중요한 것은 꾸준함, 그리고 배운 것을 써보는 실행력이라는 점을 잊지 말자. 지금부터 나에게 맞는 효율적인 영어 학습 방법을 찾아, Go for it!

혼공스쿨 22인 일동

차례

| Prologue | 영어 학습의 연결점DOT을 찾아서   ··· 12

Part 1   이거부터 챙겨, 영어 공부 마인드셋!

영어 공부를 방해하는 당신의 감정들   ··· 20
영어 공부는 나를 '증명'하는 것이 아니야   ··· 24
의지에 '의지'하지 말라니까! 의지를 이기는 습관의 힘   ··· 28
덕질 잘하는 사람이 영어도 잘한다고?   ··· 31

Part 2   듣기, 말하기, 읽기/쓰기 영역별 공략법!

듣기 : 듣기도 안 되는데 말이 나오겠니?

인생까지 업그레이드하는 양질의 강연, 연설을 찾아서   ··· 41
듣기의 워밍업, 배경음악 공부법   ··· 47
5단계 듣기 과업 루틴의 비결   ··· 51
청독과 함께하는 완독의 쾌감   ··· 57

말하기 : 너도 있잖아, 원어민처럼 말하고 싶은 로망

섀도잉, 무조건 따라 한다고 되는 게 아니야   ··· 63
영어 울렁증의 특효약, 영어로 혼잣말하기   ··· 69
한국인이 갖는 소리 선입견만 없애도   ··· 73

읽기/쓰기 : 독해/작문, 이렇게 완성하자

편향적 사고에 빠지지 않는 배경지식 활용법 ··· 81
'내가 만든 단어장'의 위력 ··· 85
다독을 통한 영어 자존감 높이기 ··· 93
원작 소설이 가져다준 원서 읽기의 즐거움 ··· 97
2년간 하루 20분 총 8권, 영작 루틴 만들기 ··· 105
안정된 글쓰기 아웃풋을 완성하는 단계별 영작 훈련 ··· 111
형식에 대한 감을 잡으면 글쓰기가 쉬워진다 ··· 116
패턴만 열심히 외우면 뭐해? ··· 124

Part 3 고수들의 영어 공부 Kick!

씹어먹을 콘텐츠를 찾아라

영어의 4가지 영역을 커버하는 최적의 자료, 영자 신문 ··· 131
팝송 하나쯤 외워봤니? ··· 138
미드를 공부하는 8단계 노하우 ··· 144
영어 애플리케이션으로 자투리 시간 활용하기 ··· 151
초급부터 고급까지, EBS 영어 라디오의 무궁한 세계 ··· 161
애니메이션은 아이들만 보는 거라는 편견을 버려 ··· 167

영어를 해야 하는 상황 속에 나를 밀어넣어라

영어가 제자리걸음인 사람이라면, 언어 교환 모임 ··· 173
영어 공부 소모임 200% 활용하기 ··· 177
티칭은 최고의 아웃풋 ··· 181

| Epilogue | 영어 '마스터'가 아닌, 영어를 매일 하는 사람 ··· 184

· Part 1 ·

Everybody has talent, but ability takes hard work
누구나 재능이 있다. 하지만 능력을 얻으려면 노력이 필요하다.

마이클 조던 Michael Jordan

이거부터 챙겨,
영어 공부 마인드셋!

마음부터 고쳐먹어야 성공한다

영어 공부를 방해하는
당신의 감정들

"선생님, 오 시 삼십 분에 만나기로 했어요."

"아, 다섯 시 삼십 분에요? 어디에서요?"

"음… 카페. In front of the 학교."

'In front of the 학교'라니, 웃음이 나왔다. 가깝게 지내는 원어민 교사의 절묘한 대답이었다. 그녀는 한국어가 서툴렀지만, 어떻게든 대화를 나누고 싶어 했다. 어렵고 낯선 한국어를 공부하려는 마음이 대단해 보였다. 그러다 깨달았다. 내가 지금 그녀를 대하는 마음처럼 나를 대하는 원어민 선생님들 마음도 마찬가지였겠구나.

'내 말을 못 알아들으면 어떻게 하지? 틀리면 어떻게 하지? 우리와 다른 외모, 낯선 말을 쓰는 외국인을 보고 이런 걱정 때문에 머릿속이 새하얘지고 온몸이 얼어붙는 경험을 해본 적이 있을 것이다. 영어를 좀 잘하는 게 뭐 그렇게 대수라고 주눅이 드는지. 외국인도 영어가 모국어라 잘하는 것뿐인데. 장담하건대 한국어를 할 때 완벽하게 말해야 한다는 강박을 가진 외국인은 거의 없을 것이다. 실제로 불가능한 일이다. 물론 타일러 라쉬 같은 '문제적 남자'가 있긴 하지만, 대부분은 어려울 수밖에 없다. 그들은 문법도, 발음도 틀리지만 어떻게든 자신이 표현할 수 있는 모든 걸 동원해 적극적으로 소통하려고 노력한다. 공부든, 여행이든, 이유가 어떻든 모국을 떠나 낯선 곳에 발을 디딘 외국인들은 태도부터가 다르다. 틀리는 것도 두려워하지 않는다. 도대체 어디서 나오는지 알 수 없는 '자신감'이 있다.

  '말을 걸 것이냐, 말 것이냐. 그것이 문제로다.' 외국인만 만나면 선택의 기로에 놓이는 우리, 아니 적어도 나와는 달랐다. 근무 중인 초등학교에 원어민 교사가 오는 날이면 매번 고민에 휩싸였다. 그래도 용기를 내보려고 입 속에서 이런저런 영어 대사를 굴려보지만, 대체로 결론은 '됐다. 물어보지 말자'로 끝났다. 한국에서 사는 거 좀 어떠냐고 물어보고 싶은데, 뭐라고 해야 하지? 완벽하게 물어봐야 한다는 생각에 원어민 교사를 만나기 전에 무슨 말을 할지 영어로 만들어보고 그럴싸하게 느껴지면 말을 건넸다. 그런데 어렵게 한 문장을 건네도 그 후가 문제였다. 돌아오는 말에 대한 대답을 짧은 시간 안에 해야 했기 때문이다. 제대로 대답하지 못하는 게 부끄러워 점점 원어민 교사와 이야기하기가 두려워졌다.

언어학의 세계 최고 권위자인 스티븐 크라센Stephen Krashen 교수는 '정의적 여과기affective filter'라는 가설을 제시한 바 있다. 마음이 편해야 외국어 학습도 잘할 수 있다는 주장이다. 긴장감, 불안감 같은 부정적인 감정은 새로운 언어를 구사하는 데 방해가 되어 외국어를 습득할 때 장애물이 된다고 한다. 영어에 대한 부담감은 부족한 영어 실력에 대한 감정적 결과일 뿐만 아니라, 부족한 영어 실력의 원인이 되기도 하는 것이다. 이는 많은 성인 학습자가 겪는 일이다.

영어 앞에서 우리는 외국인일 뿐이다. 원어민과 한국어로 소통하다 보니, 외국인의 시선을 조금도 신경 쓸 필요가 없다는 걸 실감하게 됐다. 나도 원어민 교사들과 대화할 때 그들이 한국인처럼 말할 거라고는 생각하지 않았다. 못하는 것이 당연했다. 뭐라도 더듬더듬 얘기한 후 원어민이 자연스럽게 고쳐주면 그렇게 다시 이야기하면 되는거였다.

그 후로도 머릿속으로 문장을 미리 생각하는 버릇은 여전했지만, 정확하지 않아도 일단 말을 시작했다. 당연하게도 완벽한 대화는 이루어지지 않았다. 단어가 생각나지 않아 대화가 스무고개 같아질 때도 있고, 보디 랭귀지로 점철될 때도 있고, 번역기가 큰 역할을 할 때도 있었다. 내가 원하던 이야기를 전달하지 못해 답답한 마음만 가득할 때도 있었다. 하지만 중요한 것은 두려워하지 않고 이야기를 한다는 거였다.

영어를 외국어로 배우는 우리는 처음 말을 배우는 아이들과 같다. "엄마 옷이가 너무 커. 부펴내." 아이가 이렇게 말한다고 해서 타박 주는 부모는 없다. "어이구, 옷이 너무 커? 불편해?"라고 고쳐서 들려줄 뿐이다. 우리도 영어로 많이 이야기하고 많이 듣는 과정이 필요하다. 그리고 틀리는 것이 당연하다. 외국인들도 영어가 모국어가 아닌 사람들이 영어를 모국어처럼 할 거라고 생각하지 않는다. 그러니 두려워하지 말고 구멍 숭숭 뚫린 문장이라도 계속 던져보자. 외국인들은 기꺼이 우리의 엄마, 아빠가 되어 모델링 언어를 들려줄 것이다.

많이 실패한 사람이 더 많이 배운다. 영어를 잘하고 싶다면 실패하고 또 실패하는 법을 배워야 한다. 좀 실패하면 어떤가, 영어 그게 뭐라고.

영어 공부는
나를 '증명'하는 것이 아니야

우리는 흔히 영어를 정복해야 할 대상으로 여긴다. 내신 시험에서 100점을 맞기 위해, 수능 시험에서 1등급을 받기 위해, 틀리지 않는 영어를 하기 위해 부단히 노력한다. 단어를 외우는 것은 기본, 영어 지문을 주어, 동사, 목적어 등으로 잘게 나누고, 끊어가며 해석한다. 영어를 듣고 말할 때도 스펠링과 문법이 맞는지부터 확인한다.

그런데 막상 원어민 앞에 서면 입이 꽁꽁 얼어붙어 말 한마디 제대로 못 하는 경우가 허다하다. 그동안 틀리지 않기 위한 영어 공부를 했기에 그 틀을 깨고 나오기가 쉽지 않다. 모국어를 말할 때도 문법적인 실수도 하고, 단어를 틀리기도 하는 등 많은 오류를 범한다. 언어는 의사소통 수단이지 시험을 잘 보기 위한 훈련의 대상이 아니다. 하지만 우리는 영어도 '언어'라는 사실을

24

잊는다.

안타깝게도 그런 현실에서 영어 실력은 쉽게 향상되지 않는다. 게다가 입시가 끝나면 실생활에서 쓸 기회조차 없기에 영어 능력도 점차 잃어버린다. 영어 시험이라는 목적을 이루고 나니 더는 쓸모가 없어진 것이다. 그 후 직장을 얻기 위해 또다시 토익 시험을 준비하며, 입시 때와 똑같은 쳇바퀴에 올라탈 뿐이다.

나 역시 학창 시절 좋은 대학에 가기 위해 '시험용' 영어 공부를 열심히 한 덕분에 원하던 대학에 입학할 수 있었지만, 막상 공부한 영어를 써먹을 일이 없었다. 그래서 영어를 쓸 수 있는 환경을 만들어보기로 했다. 내가 다니던 교육대학교(교대)에는 방학 기간을 이용해 미국 초등학교에서 교육실습을 할 수 있는 프로그램이 있었다. 아이들을 대상으로 수업을 진행하고 원어민 교사들과 팀티칭도 하고, 홈스테이 가족들과 매일 얼굴을 마주하며 시간을 보내게 되었다. 원하던 완벽한 환경이었지만, 생각보다 내 영어 실력이 훨씬 더 형편없음을 느꼈다. 무엇보다 말하기의 벽이 너무 높았다. 하고 싶은 말을 머릿속으로 생각하고, 문법이 맞는지 확인한 다음 입 밖으로 낼라치면 대화의 타이밍이 한참 지난 후였다. 그때마다 자괴감이 몰려왔다.

그런데 같은 프로그램에 참여한 한 친구는 달랐다. 아는 단어 몇 가지를 활용해 내뱉기만 해도 원어민들은 금방 알아들었다. 우리말을 못하는 외국인이 "어디, 화장실, 있어요?"라는 식으로 얘기해도 "화장실이 어디인지 알려드릴까요?"라고 답하게 되는 것처럼 정확하지 않은 영어라도 내뱉기만 하면 원어민들이 더 쉽고 간결한 표현으로 바꾸어 알려주는 경우가 많았다. 정확하게 말해야 한다는 강박을 내려놓자 모든 영역에서 영어 실력이 오르기 시작했다. 영어로 말할 때 틀리는 게 당연하다고 생각하니 말하는 것뿐만 아니라 공인 영어 능력 시험을 공부할 때도 부담감이 줄어들고 재미가 생겼다. 영어를 사용할 수 있는 공고가 나거나 기회가 오면 망설이지 않고 지원했다. 나를 증명해야 한다는 부담감 없이, 하나둘 경험치를 쌓는다고 생각하니 도전의 무게도 훨씬 가벼워졌다. 그 덕에 안내 통역 자원봉사를 시작으로 2014 인천 아시안게임에서(비록 한 종목이지만) 영어 아나운서로도 일할 기회를 얻을 수 있었다.

영어는 100점을 받기 위한 과목이기 이전에 의사소통을 위한 수단인데, 우리는 그 점을 간과한 채 공부만 열심히 하고 있다. 물론 언어는 정교하고 섬세하게 사용할수록 그 힘이 강해지지만, 일단은 걸을 수 있어야 뛸 힘도 생기지 않을까. 지금 자신이 가진 보잘것없는 재료만으로도 음식을 만들 줄 알아야 한다. 좋은 재료를 찾을 때까지 기다리기만 한다면, 정말 훌륭한 재료를 얻고서도 어떻게 요리해야 할지 모를 수도 있다.

언어는 실력을 증명해야 하는 시험이 아닌, 내가 경험할 수 있는 세계를 더 넓히는 수단일 뿐이다. 영어라는 언어를 '정복'이라는 종착지가 아닌 '과정'이자 '경험'이라고 여기길 바란다. 정확하고 유창하게 구사하고 싶은 욕심, 틀리는 게 두렵고 부끄러운 마음은 잠시 내려놓자. 내가 아는 단어와 문장을 활용하여 일단 말을 해보는 것, 그게 한 걸음 한 걸음 다음 스텝으로 우리를 이끌어줄 것이다.

의지에 '의지'하지 말라니까!
의지를 이기는 습관의 힘

영국 속담에 "Where there is a will, there is a way(뜻이 있는 곳에 길이 있다)."라는 말이 있다. 그런데 인간의 의지will보다 더 강한 것이 있다면 무엇일까. 바로 '습관'이 아닐까. 티끌처럼 적은 시간이라도 매일 꾸준하게 행동으로 실천한다면 태산 같은 결과물을 얻을 수 있다고 믿는다.

흔히 영어 공부를 할 때 한 번에 많은 양을 하는 것이 좋다고 생각하는 경우도 있다. 마음먹고 12시간 동안 공부하고는 굉장한 뿌듯함을 느낀다. 그런데 이후 며칠간은 영어에 손도 대지 않는다. 동일한 강도로 다시 에너지를 쏟아야 한다는 부담감과 압박감에 시작조차 힘들어진다. 하지만 우리의 기억 장치는 한 번에 많은 양을 넣는 것보다 자주 여러 번 입력하는 게 훨씬 효과적이다. 뇌과학에서도 오래 기억하기 위해서는 한 번에 길게 공부하는 것보다 여러 번, 자주 공부하는 게 더 효율적이라고 강조한다.

따라서 영어 공부를 할 때는 무엇보다 매일 꾸준하게 공부하는 습관을 기르는 것이 중요하다. 아무리 의지가 강한 사람이라도 매일 1시간씩 영어 공부를 하기는 쉽지 않지만, 10분만 투자해도 되는 일이라면 어렵지 않게 지킬 수 있을 것이다. 만일 하루에 딱 10분씩 3번 공부하는 습관을 만들었다고 가정해보자. 이틀이면 1시간, 일주일이면 3시간 이상 영어 공부를 할 수 있다. 그런데 주말에 몰아서 공부하려고 했다가 이런저런 이유로 공부하지 못했다면 그동안 잃어버린 집중력을 되찾기는 여간 어려운 일이 아니다.

운동선수들은 부상으로 인해 훈련을 쉬게 되면 원래의 수행력을 회복하기까지 몇 배의 노력이 필요하다고 한다. 영어 공부도 그렇다. 쓰지 않는 근육이 퇴행하는 것처럼 언어도 사용하지 않으면 퇴행한다. 아무리 어려운 동작도, 아무리 무거운 덤벨도 성공은 1개에서부터 시작한다. 한 번에 영어 문장 100개를 외우려고 하지 말고, 하루에 한 문장만 암기해보는 거다. 하루 10분씩 3번으로 나눠서 하루에 딱 한 문장만 정확하게 발음하고, 무슨 뜻인지 제대로 이해하고, 어떤 상황에 써야 하는지 안다면 100일 후에는 100가지 문장을 말할 수 있을 것이다. 이것이 바로 작은 습관의 힘이다. 출퇴근할 때의 자투리 시간을 활용해보자. 더도 말고 덜도 말고 하루에 딱 한 문장만 목표로 삼는다. 문장을 입 밖으로 내지 못하고 속으로만 따라 해도 충분히 학습효과가 있다. 단, 퇴근하고 집에 돌아와서 입 밖으로 내뱉어봐야 한다. 그래야 내가 제대로 발음하고 있는지 알 수 있다.

학자마다 주장하는 시간은 조금씩 다르지만, 평균적으로 습관을 형성하기까지는 21일 정도가 걸린다고 한다. 그리고 그 습관을 꾸준하게 유지하려면 66일이 있어야 한다.

영어 멘토들은 영어 공부의 성공을 결정하는 것은 습관이라고 입을 모은다. 하루에 5분이라도 좋으니 매일 공부하는 습관을 유지하자. 10분도 아니고 5분이라도 좋고, 사실 1분도 좋다. 중요한 것은 하루도 빠짐없이 매일 하는 것이다. 꺼진 불은 다시 피우기 어렵지만, 작은 땔감이라도 계속해서 넣어주면 그 불은 꺼지지 않는다.

덕질 잘하는 사람이
영어도 잘한다고?

살면서 한 번쯤은 이런 말을 들어봤을 것이다. '뛰는 놈 위에 나는 놈 있고, 나는 놈 위에 즐기는 놈 있다.' 그런데 최근에는 즐기는 놈 위에 '미친놈'까지 등장했다. 그만큼 뭔가를 이루고 성공하려면 단순히 잘하는 것 이상으로 본인의 즐거움과 동기부여가 중요하다는 의미일 것이다.

어린 시절, 미국 어린이 TV 프로그램 〈세서미 스트리트Sesame Street〉를 넋 놓고 보며 털북숭이 인형을 좋아했던 사람, 디즈니 영화 〈미녀와 야수〉나 〈인어공주〉에 나오는 노래가 좋아서 비디오테이프가 늘어지도록 본 사람, 영어 학원에서 원어민 선생님과 이야기 나누는 게 즐거웠던 사람… 등등 영어에 재미를 느끼면서 본격적으로 영어 공부를 시작한 경우가 많다. 누가 시킨 것도 아닌데, 마냥 좋고 재밌어서 자주 접하고 익힌 것이다.

그런데 입시를 끝내고, 취업을 끝내고, 뒤돌아보니 왜 영어를 좋아했었는지 이유도 잊어버리게 된다. 비교와 자괴감, 때로는 우월감 같은 경쟁심이 영어 공부의 전부가 된다. 영어는 미션이 아니다. 영어를 잘하기 위해서는 영어가 전적으로 재미있어야 한다.

학창 시절 한 친구는 일본 애니메이션과 가수를 매우 좋아했다. 공부하는 와중에도 이어폰을 끼고 일본 노래를 들었고, 틈만 나면 일본 애니메이션을 봤다. 그 친구는 고등학교 때 제2외국어로 일본어를 선택했다. 따로 준비하지 않고 시험을 봤는데, 웬만한 일본어는 알아듣는 고수가 돼 있었다. 또 다른 친구는 게임을 좋아해서 일본어를 번역해가며 공략집을 정복했다. 게임을 하면서 일본어를 듣고, 어휘도 익히다 보니 자연스럽게 일본어를 잘하는 사람이 되었다. 이처럼 '덕질'을 잘하는 사람이 언어도 잘한다.

자, 그럼 당신은 무엇으로 '덕질'을 할 것인가? 우선 내가 무엇을 좋아하는지부터 알아야 한다. 평소 내가 좋아하는 분야나 취미가 무엇인지 적극적으로 탐색해보자. 드라마 보는 것을 좋아하는 사람, 노래 듣는 것을 좋아하는 사람, 정치 및 시사 문제에 관심 있는 사람 등등 사람마다 각자 관심사가 다르고 취미가 다르다. 내가 좋아하는 것은 하나일 수도, 여러 개일 수도 있다. 정답은 없다. 대부분이 싫어하는 단어 외우기를 좋아하는 사람도 있을 것이다. 단어를 하루에 100개씩 외우는 것이 성취감이 느껴져서 좋다면 그 사람은 계속 단어 덕질을 하면 된다. 남들이 다 하는 섀도잉 학습도 나한테는 맞지 않을 수 있다. 누군가 효과적이라고 말하는 방법은 그 사람에게만 효과적일 수 있다. 자신에게 맞는 학습 자료와 방법을 찾아보자. 그렇다고 '방법'만 좇기보다는 직접 공부를 하면서 시행착오를 겪다 보면 자연스럽게 알게 될 것이다.

내가 무엇을 좋아하는지 모르겠다거나 헷갈릴 때는 시간이 가는 느낌을 떠올려보면 된다. 내가 정말 좋아하고 재미있는 것을 할 때는 시간 가는 속도가 다르다. 언제 어떻게 지나갔는지 모를 정도로 빠르게 지나갈 것이다. 이 사실은 뇌과학적으로도 일리가 있다. 《뇌과학과 심리학이 알려주는 시간 컨트롤》에서 인간은 '3초' 정도의 시간을 한순간으로 인지하고 시간이 가는 것을 느끼는데, 현재 일에 몰입하거나 해야 할 일에 정신이 분산되어 시간을 인지하지 않으면 시간이 빨리 가는 것처럼 느낀다고 한다. 반면 시간이 가는 것을 계속 확인하거나 뇌의 인지 속도가 빨라 순간순간 처리하는 양이

증가하면 시간이 천천히 가는 것처럼 느낀다고 한다. 시간 가는 줄 모르고 영어를 즐겁게 배우는 것과 아무리 계속 공부해도 시간이 더디게 흘러가 지겹게 느껴지는 것은 분명 차이가 있을 것이다.

과연 다른 사람들이 재미있다고 하는 게 나에게도 맞는지 고민해봐야 한다. 가장 좋은 방법은 자신에게 맞는 방법을 찾는 것이다. 시간이 걸리겠지만, 스스로에 대해서 알아보는 노력이 필요하다. 내가 무엇을 좋아하는지, 어떤 사람인지부터 생각해보도록 하자. 그리고 꾸준히 영어로 덕질할 수 있는 뭔가를 찾아보자. 그렇다면 어느샌가 나도 모르게 영어 고수의 자리에 올라 있을 것이다.

영어 공부를 시작하는 당신을 위한

Check Point!

---

1. 우리는 영어에 '외국인'임을 잊지 말 것. 많이 틀릴수록 빨리 배운다.

2. 영어 공부는 양보다 횟수. 많은 양을 넣는 것보다 자주 여러 번 입력하는 게 훨씬 효과적이다.

3. 덕질도 능력. 자신이 좋아하는 분야를 영어로 익혀보자.

Imagination means nothing without doing.
실천하지 않는 상상력은 아무 의미가 없다.

찰리 채플 Charles Chaplin

듣기, 말하기, 읽기/쓰기 영역별 공략법!

4가지 영역을 섭렵하는 멘토들의 기술

듣기도 안 되는데
말이 나오겠니?

(Listening)
듣기

의사소통에서 말하기의 전제는 일단 상대방 말을 듣는 것이다. 언어 습득을 위해서는 충분히 들어야 한다. 스티븐 크라센 교수는 한 가지 언어를 습득하려면 뇌가 청각을 통해 해당 언어에 3000시간 정도 연속 노출돼야 한다고 말한 바 있다. 실제 미국 FBI 통역 담당 요원은 3000시간을 한 언어에 노출했더니 해당 언어를 사용할 수 있었다고 한다. 우리는 10년이라는 학교 의무 교육 기간에 영어를 배우며 대략 1000시간 정도 노출된다. 나머지 2000시간은 학교 밖에서 스스로 학습해야 영어 회화를 능숙하게 할 수 있다는 의미다.

우리는 눈으로 글자를 읽는다고 여기지만, 문자를 인식할 때는 시각이 아니라 청각이 우선하여 의미를 인식한다. 다시 말해 글자는 형태일 뿐이고, 뇌에서는 글자를 '소리'로 인식해 그 '의미'를 해석한다는 것이다. 따라서 언어는 시각으로 전달되는 게 아니라 '청각'으로 전달된다는 사실을 알아야 한다. 이런 뇌과학적 접근은 거짓이 아니다. 다음 단어를 눈으로 직접 읽어보자. 'assimilation(동화)'. 분명 눈으로 읽었는데, 나도 모르게 발음하고 있었을 것이다. 그렇다. 우리는 글을 읽을 때도 사실은 소리를 내어 의미를 찾아내는 과정을 겪는다. 그 이유는 어린 시절에 우리가 언어를 어떻게 배우는지 생각해보면 답이 나온다.

아기는 배 속에서부터 부모의 목소리를 들으며 자란다. 하루에 10시간씩 듣는다면, 1년이면 3650시간을 들을 수 있다. 언어학적으로 볼 때 듣기 임계량인 3000시간을 넘긴다. 돌 정도 된 아기들은 말만 못 할 뿐이지 부모의 말을 듣고 이해하고 행동으로 반응한다. 그리고 24개월 정도 되면, 조금씩 말을 하는데 이때는 듣기 임계량을 한참 넘어선 후라 볼 수 있다. 즉, 영어를 듣고 이해하려면 3000시간 넘게 영어를 들어야 한다는 것이다. 영어로 말이 트이고 싶다면 그 이상으로 훈련해야 한다는 말이다.

그런데 우리는 어떤가? 언어 습득에서 가장 기본인 듣기를 소홀히 하고 무조건 말부터 먼저 하려고 한다. 이제는 방식을 바꿔야 할 때다. 언어 습득의 원리를 알았으니 가장 중요한 '듣기'를 우선적으로 학습해야 한다. 물론 동시에 말하기나 쓰기를 연습하는 것도 좋은 방법이다. 배운 건 바로 써먹어야 제맛이니까 말이다.

인생까지 업그레이드하는
양질의 강연, 연설을 찾아서

많은 성인 영어 학습자의 목표는 의사소통일 것이다. 그런데 생각보다 많은 사람이 듣기의 중요성을 간과한다. 내가 실제로 영어를 사용하면서 가장 어려움을 느낀 파트는 말하기나 쓰기가 아니라 오히려 듣기라는 사실을 깨달았다. 수년간 영어 공부를 하며 영어 기초 실력을 갖추자, 실생활에서는 어려운 어휘나 복잡한 표현이 필요하지 않음을 알게 되었다. 말하는 도중에 실수가 있거나, 정말 어려운 표현에서는 단어만 나열해도 대략의 의미와 문맥만 전달하면 의사소통을 할 수 있었다. 쓰기의 경우에는 글을 쓰는 데 충분한 시간을 확보할 수 있고, 사전이나 예문 등의 활용 가능한 소스가 많았기에 대책이 있었다. 의사소통에서 쓰기가 차지하는 부분이 상대적으로 적기에 부담도 덜했다. 하지만 듣기가 되지 않는다는 것은 그야말로 '불통'을 의미했다. 상대방이 무슨 말을 하는지 아예 알아들을 수 없으니 적절히 반응할 수 없거나 전혀 엉뚱한 소리를 해서 상대방을 당황하게 만들기 일쑤였다. 게다가 평소에 만나는 사람들은 토익 듣기 시험처럼 조용한 공간에서 선명한 음질과 적절한 속도로 표준어 발음을 구사하는 것이 아니라 국적과 나이, 성향에 따라 발음과 속도가 천차만별이기에 정확하게 듣기가 더욱더 어려웠다.

그렇지 않아도 실수가 두려운데, '다시 말해주겠어?'라는 말을 반복할 때마다 위축될 수밖에 없었다. 듣기가 안 되니 낯선 외국인을 만나는 것 자체가 두렵기까지 했다. 영어를 쓸 기회가 생겨도 '제발 나한테 말 걸지 말아줘'라고 생각하는 자신을 보며, 어떻게든 듣기의 공포와 어려움을 극복하고 싶었다. 그렇게 해서 시작된 것이 테드 강연(www.ted.com)과 세계 유수 대학의 졸업 축사 매일 듣기였다.

—— 테드 강연과 졸업 축사의 장점

1. 무료로 사용할 수 있다.

2. 한 편이 평균 15~20분으로 적당한 분량이다.

3. 다양한 국적을 가진 사람들의 영어 발음을 들을 수 있다.

4. 영어 스크립트가 제공된다.

5. 대부분 한국어 번역본이 존재한다.

6. 많은 대중을 대상으로 하는 강연이다 보니 발음이 분명하고, 섀도잉하는 데 용이하다.

7. 문장과 단어가 정선되어 있고, 다양한 주제의 내용을 접할 수 있다.

8. 한 분야에서 최고로 손꼽히는 명사가 전하는 메시지를 통해 훌륭한 인사이트를 얻을 수 있다.

테드 강연은 주제를 제한하지 않고 세상 모든 지적 호기심을 충족시키는 것을 목표로 하는 강연회이다. 전 세계 강연자가 참여하며, 주제도 교육에서부터 지구온난화에 이르기까지 다양하다. 강연 내용이 너무 전문적이지 않아 해당 분야를 모르는 사람도 충분히 이해할 만하여, 강의를 듣는 것만으로도 식견을 넓힐 수 있다. 실제로 강연을 관람하려면 상당한 비용이 드는데 무료로 수준 높은 강연을 들을 수 있으니, 듣지 않을 이유가 어디 있을까?

작은 팁을 더하자면 마음에 드는 강연은 '좋아요' 버튼을 눌러놓고 나중에 '좋아요'를 누른 강연만 한곳에 모아서 들을 수도 있다.

대학 졸업 축사는 대학생을 대상으로 하는 연설이라 영어 수준은 조금 더 높을 수 있지만, 청년들에게 세계 리더들이 전하는 당부와 격려, 그리고 통찰을 들을 수 있다는 점에서 영어 학습자가 꼭 누렸으면 하는 혜택이다. 스티브 잡스, 빌 게이츠, 오프라 윈프리, J.K. 롤링 등 자기 분야에서 최고가 된 사람들이 전하는 가슴 뛰는 메시지를 매일 듣는다고 생각해보라. 그런 시간이 모여 작게는 자신의 영어 실력이 변하고, 결국에는 인생이 변한다. 이것이야말로 완벽한 일거양득—擧兩得이 아닐까?

유튜브에 세계 대학 졸업 축사라고 검색하면 수많은 자료를 찾을 수 있고, ENGLISH SPEECHES(www.englishspeecheschannel.com) 같은 사이트에서도 자료를 얻을 수 있다. 이런 좋은 자료들을 어떻게 듣기 공부에 활용할 수 있을까?

—— 듣기의 5단계

나는 ①그냥 듣기 ②번역하기 ③요약하기 ④다시 듣기 ⑤섀도잉하기 단계로 공부했다. 먼저 그냥 듣기 단계에서는 자막 없이 내용을 최대한 들어보려고 노력하며 동영상을 시청했다. 전혀 이해가 안 될 때는 집중력을 잃기 쉬워 영어 자막을 함께 보기도 했다.

그러고 나면 스크립트를 직접 번역했다. 모르는 단어와 표현은 사전을 찾아보고 이해가 안 되는 부분은 한국어 번역을 참고했다. 내용을 완전히 이해하고 난 후엔 들은 내용을 다시 요약했다. 처음에는 요약본을 만들지 않았는데, 새로 알게 된 단어와 표현 그리고 인상 깊었던 구절을 그냥 흘려보내기가 아쉬워 요약하기 시작했다. 요약본을 만드니, 나중에 다시 찾아보고 내용을 떠올리기에도 유용했다. 이 과정이 끝나면 자막 없이 다시 영상을 시청했다. 그러면 처음에는 들리지 않았던 표현과 단어가 거짓말처럼 생생하게 들렸다.

개인적으로 다시 듣기는 매우 중요하다고 생각하는데, 언어만큼 반복 학습이 중요한 분야가 없기 때문이다. 매일 새로운 콘텐츠를 듣는 것도 좋지만, 완전히 습득될 때까지 같은 표현을 여러 번 듣는 게 훨씬 효과적이다. 우스갯소리로 아이들이 영어를 잘하는 이유가 똑같은 영상을 수백 번 다시 봐도 재미있게 볼 수 있기 때문이라고 하지 않는가.

마지막으로 최대한 억양과 표현력을 모방하며 섀도잉했다. 처음에는 강연자의 발음을 똑같이 흉내 내는 게 중요하다고 생각했지만, 그보다 말의 높낮이와 강세

45

를 연습하는 게 유창한 영어 실력을 갖추는 데 훨씬 더 도움이 되었다.

　여기까지 읽다 보면 문득 이런 생각이 들 것이다. '좋은 건 알겠는데 이렇게 하려면 도대체 얼마나 걸리는 거야?' 나는 15분 강연을 매일 이런 루틴으로 공부한 것은 아니었다. 자신에게 맞는 학습량을 스스로 정하면 되는데, 15분 강연을 5일로 나눠 매일 3분 분량의 내용을 루틴대로 공부해도 충분했다. '많이' 공부하는 것보다 '매일' 공부하는 게 훨씬 더 중요하다.

　나는 테드 강연과 졸업 연설문을 통해 좋은 멘토를 많이 만났다. 그들의 빛나는 메시지를 들으며 도전의식과 용기를 얻어 영어 공부를 지속할 수 있었다. '늘 갈망하고, 언제나 우직하게 Stay hungry, stay foolish.'

듣기의 워밍업,
배경음악 공부법

흔히 영어 공부를 할 때 단어를 암기하는 게 필수라고 생각한다. 물론 단어 암기는 어느 정도 필요하지만 영어 공부의 핵심은 아니다. 한국처럼 영어를 외국어로 배우는 핀란드나 네덜란드 같은 북유럽 국가에서는 글로벌 경쟁력을 갖추고 학생들의 영어 스트레스를 조기에 해결하기 위해 국영 방송 차원에서 영어 어린이 방송물을 무제한 제공했다. 〈세서미 스트리트〉같이 전 세계적으로 유명한 어린이 영어 프로그램을 더빙 없이 그대로 방영함으로써 가정에서의 영어 듣기를 손쉽게 해결한 셈이다. 그렇다면 성인 학습자의 경우엔 어떻게 영어 소리에 효과적으로 노출될 수 있을까?

—— 영어 소리 워밍업, 배경음악 공부법

성인 학습자가 자연스럽게 영어 소리에 노출될 수

있도록 일상생활에서 영어를 배경음악처럼 가까이하는 방법을 '배경음악 공부법'이라고 한다. 한 줄씩 line by line 듣기, 섀도잉 듣기 같은 본격적인 듣기 훈련이 아니라 일종의 워밍업이다. 운동 시작 전에 사이클을 타거나 스트레칭으로 체온을 높이는 것처럼 본격적인 영어 학습 이전의 준비 과정이라 할 수 있다.

BBC, CNN 같은 국영 방송사의 자체 애플리케이션이 있고, 국내에도 TBS eFM, 아리랑 News, EBS 반디 등 영어 노출을 위한 다양한 프로그램이 있어 취향에 따라 콘텐츠를 골라 들을 수 있다. 영어를 듣고 싶은 날만 간헐적으로 듣는 게 아니라, 특정 기간을 정해서 매일 귀를 열 수 있도록 틀어둔다는 마음으로 영어 소리를 재생하면 좋다. 챌린저스 애플리케이션 등을 통해 기간을 설정하여 자신의 꾸준함을 시험해보는 것 역시 좋은 방법이다. 중요한 것은 영어가 내 귀에 익숙해지도록 자주 재생되는 환경을 만드는 것이다.

실제로 나는 영화 〈어바웃 타임〉을 50번 정도 봤다. 처음에는 자막 없이 보았는데 영국 억양이 강한 영화인지라 세부 내용이 쉽게 이해되지 않아 러닝타임 2시간이 고역이었다. 하지만 반복 청취로 자연스럽게 영화 대사를 거의 다 외우게 되었고, 아는 표현을 써보고 싶은 마음이 생겼다.

—— 이해 가능한 수준의 입력

배경음악 공부법에서 더욱 효과를 보고 싶다면 콘텐츠를 잘 선별하는 것도 중요하다. 어떤 자료로, 어떤 밀도로 영어를 들었느냐에 따라 듣기의 효과는 천차만별이다. 스티븐 크라센의 입력 가설Input Hypothesis에 따르면 무조건적 입력보다 '이해 가능한comprehensible 수준'의 입력을 강조한다. 지나치게 높은 수준의 자료를 선택한다면 소음으로 그칠 수 있다.

한 번이라도 읽은 적 있는 소설을 선택해보자. 푹 빠져 읽은 책일수록 효과는 배가 된다. 책 한 권을 한 번에 통째로 듣기보다는 나눠서 듣는 것을 추천한다. 소화할 수 있을 만큼 분량을 정한 다음 반복 재생해 들으면서 귀에 익으면 듣는 양을 점차 늘리는 것이다. 몰랐던 단어나 써먹고 싶은 단어를 따로 적어두고 틈틈이 외우는 능동적 학습이 수반된다면 더욱더 효과적이다.

또는 짧은 영어 원서 한 권을 선정해 내용을 대략 파악한 다음 '스토리텔Storytel'이나 '오더블Audible' 같은 애플리케이션을 통해 다시 들어보는 것도 좋다.

배경음악 공부법이라 해서 무작정 틀어두는 게 아

니라, 영어를 이해하는 과정이 필요하다. 책이나 기사로 이미 접한 내용, 관심 있거나 좋아하는 콘텐츠, 듣기에 집중할 수 있는 환경, 이해하기 힘든 구간을 참아내는 인내, 이 4가지가 있다면 배경음악 영어 듣기의 효과는 클 것이다.

　　원어민이어도 뉴스 콘텐츠 내용을 완벽하게 이해하기는 어렵다. 성인 영어 공부의 목표는 영어 소리에 익숙해지는 것, 즉 낯선 소리에 귀를 여는 것이다. 영어를 잘하고 싶은 우리에게 필요한 건, 이를테면 '수영을 어떻게 하는지에 대한 이론'이 아니라 당장 수영장에 몸을 던져, 허우적거리더라도 물에 몸을 적시고 수영이라는 세계를 직접 경험하는 것이다.

5단계 듣기 과업 루틴의
비결

'영어를 잘하는 사람'은 어떤 사람일까? 기준은 다양하다. 유창하게 회화를 구사하는 사람일 수도 있고, 공인 어학 능력 시험에서 고득점을 얻은 사람일 수도 있다. 영어를 공부하는 방법도 여러 가지이다. 방법은 영어를 '왜' 잘하고 싶은가에 따라 달라진다. 영어 학습법에 지름길은 있을지언정 만병통치약은 없다. 취업을 위해 영어를 공부하는 사람이 무작정 미드를 보는 게 왕도는 아닌 것처럼 자유롭게 외국인들과 소통을 꿈꾸는 사람에게 대학 입시용 영어 공부 역시 효과적인 방법은 아닐 것이다.

나는 취업 시장에서 내 영어 실력을 증명하고 싶었다. 대다수 기업에서는 공인 어학 능력 시험 점수를 지원자의 영어 실력으로 간주한다. 이 실력을 인정받아야 다음 단계에서 진짜 역량을 보여줄 기회가 생긴다. 주변의 영어 고수들에게 다양한 영어 학습법에 대한 자문을 구했다. 어학연수, 미드 시청, 원서 읽기, 외국인 친구 사귀기 등 최대한 영어 스트레스를 줄이면서 영어에 노출되는 시간을 늘리는 방법들이었다. 이 방법들의 유일한 단점은 상당한 시간을 투자해야 한다는 것이다. 그래서 내가 택한 전략은 '즐겁게'가 아닌 '확실히' 실력을 올리는 방법이었다.

가장 첫 단계는 영어를 '언어'로 보지 않는 것이었다. 언어를 습득하고 배우는 과정에는 소통이 필수적이다. 영어 공부를 시작하는 사람들은 스터디그룹을 조직하는 경우가 많다. 그러나 나는 언어 습득의 결정적 시기critical period가 지났기 때문에 습득보다 학습이 필요하다고 생각했다. 그래서 소모임에 가입하는 대신 독서실에서 듣기 연습을 했다. 모임에 가는 데 걸리는 시간, 만나서 안부를 묻는 시간, 헤어지기 전 맥주 한잔하는 시간을 영어 학습에 할애했다. 쓸데없이 낭비되는 시간을 모아 영어에 노출되는 시간을 최대화했다. 그리고 '영어 듣기'에 집중했다. 다소 지루하고 딱딱하게 느껴지기도 했지만, 효과는 컸다. 결과는 점수가 증명해주었다. 토익 200점 초반대에서 4개월 만에 듣기 파트 만점을 받았다. 그 뒤로도 듣기 영역은 꾸준히 만점을 받았다. 성인 영어 공부는 재밌어야 한다는 고정관념에 내 나름의 방식으로 도전하고 원하는 결과를 얻어낸 것이라 큰 의미가 있었다.

—— 과업 루틴 만들기

내 전략은 같은 자료를 반복해서 듣는 것이었다. 한 자료를 적어도 5번 듣는 것을 목표로 했다. 동시에 다양한 방법을 통해 신선함과 흥미를 유지하고자 했다. 듣기 한 세트의 문항을 풀고 나면 이를 다양한 모드로 반복해서 들었다. 같은 자료를 반복해서 들으면 들리지 않았던 구간이나 표현, 어휘가 무엇인지 알 수 있다. 연음, 강세로 인한 발음 변화 등 나의 약한 부분, 즉 실력의 공백이 어디인지 확인할 수 있다. 부족한 부분을 알아야 메워나갈 수 있고 그래야 실력이 는다.

반복 학습에서 중요한 건 같은 자료를 반복해서 듣되, 집중해서 듣는 '과업 루틴'을 만드는 것이다. 내용을 반복해서 듣는 일은 생각보다 쉽지 않다. 이미 다 아는 내용처럼 느껴져서 집중력도 잃고 목표의식도 흐릿해진다. '5번 듣기'의 과업 루틴은 이러한 어려움을 덜어준다. 첫 번째 루틴은 토익, 텝스 같은 문제집을 푸는 것이다. 한 번에 많은 양을 들으려고 하기보다 시간을 정해

20분 정도 길이에서 점차 늘려나가는 것이 좋다. 조금이라도 들리지 않는 구간이 포함된 문제는 문항 옆에 표시를 해둔다.

표시된 문항을 문장 단위로 들으며 받아쓰기dictation하는 것이 두 번째 루틴이다. 이 과업은 공부한 내용을 어느 정도 잊어버린 상태에서 반복 학습해야 효과가 높다. 받아쓰기의 장점은 문장 등 표현 단위별로 집중해서 들을 수 있다는 것이다. 또한, 어떤 부분이 잘 들리지 않았는지 확인할 수 있다. 표현 자체를 몰라서 듣지 못한 것인지, 혹은 알고는 있었는데 발음이나 억양에 익숙하지 않아서 놓친 것인지 파악할 수 있다.

세 번째 루틴은 받아쓰기한 지문을 꼼꼼히 해석하며 문제 단위로 다시 들어보는 것이다. 내가 읽을 수 없는 난도의 글은 당연히 들을 수도 없다. 그래서 처음 접하는 어휘나 숙어, 회화 표현 등은 글을 통해 학습이 필요하다. 받아 적은 대본을 읽어나가며 새로운 정보를 정리하고 학습하는 것은 듣기 실력 향상에서 가장 중요한 부분이다.

네 번째 루틴에서는 눈으로 대본을 보면서 다시 해당 부분을 듣는다. 이 단계에서는 글로 정리한 부분을 소리 언어로 다시 학습할 수 있다.

마지막으로 책을 덮고 같은 내용을 다시 듣는다. 들으면서 얻는 정보들을 모조리 기록한다. 들으면서 적을 수 있다는 것은 '듣는 모드'가 편안해졌다는 것을 의미한다.

—— 루틴에서 벗어나기

루틴을 철저히 지켰다면 다음 방법은 루틴에서 벗어나는 것이다. 반복해서 같은 지문을 듣는 것은 지속하는 데 한계가 있다고 생각했다. 일주일에 5일은 정해진 방법으로 학습하고, 나머지 2일은 '듣기 공부'에서 벗어나 다른 방법으로 듣기를 이어갔다. 좀 더 편안한 상태에서 영화도 보고, 미드도 보고, 영어 동영상도 시청했다. 휴식을 취하면서도 영어에 계속 노출되었기 때문에 영어 공부를 안 하고 있다는 막연한 불안감에서도 해방될 수 있었다.

영어 소리만 틀어놓고 다른 일을 할 때도 있었다. 궁금한 내용은 이중 자막(한국어 자막, 영어 자막)을 설정하고 보기도 했다. 자유롭게 영어 영상을 시청하면서 영어를 유창하게 하고 싶다는 욕구가 끓어올랐다. 원하는 공인 인증 어학 점수를 받고 나면 미드를 열심히 보며 회화 연습을 하겠다고 다짐했다. 이렇게 영어를 흘려

듣는 시간은 영어에 대한 긍정적인 감정을 유지할 수 있게 해줌과 동시에 영어에 대한 자연스러운 노출을 가능하게 해주었다. 이렇게 루틴에서 벗어나는 일은 다시 루틴으로 돌아갈 수 있는 심리적 여유를 가져다준다.

성인 영어 학습자일수록 일정 수준의 실력을 늘리기까지 집중하고 몰입해야 하는 '학습'의 구간을 늘려야 한다. 공인 어학 능력 시험에서 제공하는 간단한 일상 대화나 비즈니스 표현들도 들리지 않는데, 영화나 미드에서의 깊은 감정 표현, 유머 코드를 이해한다는 것은 더욱 쉽지 않다. 더군다나 영화나 미드는 흘려듣기에 가깝지 않은가. 게다가 흘려듣기 중 80%는 놓치고 20%를 들었다고 만족해하고 있을지도 모른다. 하지만 놓친 80%는 꾸준한 학습 없이는 절대 채워지지 않는다.

청독과 함께하는
완독의 쾌감

고등학교 시절, 러시아어 말하기 대회에서 금상을 탈 만큼 러시아어를 좋아했다. 러시아어를 이중 전공으로 선택했을 정도로 러시아어에 자신도 있었다. 하지만 지금은 간단한 단어와 인사말을 제외하고는 철자와 음가조차 기억하지 못한다. 러시아어 전공을 포기한 후에는 자연스럽게 멀리하게 되었고, 지금은 모르는 언어라고 해도 과언이 아니다. 그렇게 능숙했던 러시아어도 한번 멀어지기 시작하니 손에서 모래알 빠져나가듯 남는 게 없다는 게 놀라웠다. 그게 언어다. 한번 습득한 언어 회로도 계속 유지하지 않으면 사라져버린다.

이런 언어의 속성을 몸소 경험하고 나니, 언어에 계속 노출되는 게 얼마나 중요한지 절절하게 깨달았다. 그 후 두 아들을 키우면서도 영어는 놓지 않았다. 부족한 시간과 체력이 늘 야속하지만, 영어만큼은 늘 옆에 끼고 살았다. 주로 집안일을 하며 〈EBS Power English〉 방송을 들었다. 20분 남짓한 방송에 맞춰 집안일을 끝내니 영어 듣기도, 집안일도 부담스럽지 않았다. 흘려듣기를 한 뒤에는 정기 구독하는 《EBS 라디오 Power English》교재를 보며 꼭 확인하는 시간을 가졌다. 귀로 들은 내용을 교재로 한 번 더 익히고 다시 방송을 들으면 처음 흘려듣기를 했을 때와 확연히 달랐다. 배웠던 표현들이 살아나 귀에 더 잘 들어오고 입 밖으로 말하기도 쉬웠다. 영어에 노출되는 것만큼 배운 내용을 반복해서 사용하는 것이 얼마나 중요한지 절감했다.

EBS 반디 애플리케이션은 영어의 4가지 영역 모두 학습할 수 있는 다양한 어학당 강좌를 제공한다. 양질의 강의를 비교적 저렴한 가격에 수강할 수 있어 추천한다. 오디오 어학당의 월 구독료는 4900원. 커피 한 잔 값이면 자신의 레벨에 맞는 강좌를 선택해 들을 수 있다.

—— 성인에게도 효과적인 청독

원서를 읽을 때도 '스토리텔'과 '오더블'이라는 2가지 오디오북 애플리케이션을 활용하여 읽는다. 일명 '청독(집중 듣기)'을 하는 것이다. 청독은 아이들만 하는 것이 아니다. 영어가 어렵다고 느끼는 어른 역시 청독을 통해 영어책 완독이라는 성취감과 자신감을 가질 수 있다. 원서 수준이 꼭 어려울 필요도 없다. 아이들이 읽는 챕터북 시리즈를 읽어도 된다.

나는 청독을 하면서 원서 읽기가 더욱 흥미로워졌다. 꼭 추천하고 싶은 원서는 《Crying in H Mart》이다. 작가가 직접 읽어주는 오디오 파일을 들으며 읽었는데, 한 편의 드라마를 귀로 듣는 느낌이었다. 장면마다 작가의 감정을 고스란히 느낄 수 있어 몇 번이나 소리 내 울고 말았다. 예전 같으면 조금 읽다 덮어버렸을 텐데 들으면서 읽으니 쉽게 완독할 수 있었다. 청독할 때는 아리송한 단어와 표현을 발견하더라도 멈추지 않고 밑줄을 치거나 플래그를 붙여두고, 전체 그림을 그리는 데 집중했다. 표시해두었던 단어는 다시 찾아보면서 해석의 공백을 채웠다. 편하게 흘려들으면서 익숙해지고, 다시 집중 듣기를 통해 모르는 부분을 채워가면서 들으니 영어 실력이 느는 게 느껴졌다. 중요한 것은 글자를 보고 소리를 유추하는 것이 아니라 온전히 소리로 먼저 받아들이고 나서 뜻을 생각하는 것이다.

일과 중에 남은 시간을 모아 영어 공부에 알뜰히 사용해보자. 나의 영어 감과 영어 실력이 조금씩 향상되고 있음을 확인할 수 있을 것이다.

너도 있잖아,
원어민처럼
말하고 싶은 로망

(Speaking)

말하기

한국인은 듣기, 말하기, 읽기, 쓰기 영역 중에 말하기를 가장 자신 없어 한다. 듣기에서 무한 반복이 효과가 있던 것처럼, 말하기도 반복의 힘을 믿으면 큰 효과를 볼 수 있다. 그렇다면 어떤 문장을 반복하고 연습하는 것이 좋을까? 우선은 자신이 자주 사용할 법한 문장을 익히자. 학생이라면 학교 친구들, 선생님과 쓸 수 있는 표현, 회사원이라면 회사 업무, 미팅 등에서 활용할 수 있는 표현, 취미로 영어를 배우고 싶다면 일상생활에서 주로 쓰는 표현이 와닿을 것이다. 실제로 내가 사용할 것 같은 생생한 표현이야말로 공부를 지속할 수 있는 동기부여가 된다. 혹은 자신이 좋아하는 영화나 드라마, 예능에서 반복해서 나오는 표현들이 무엇인지 파악하여 외우는 것도 좋은 방법이다. 좋아하는 드라마나 영화의 주인공이라고 상상하며 배우가 말하는 문장을 그대로 따라 익히는 것이다. 드라마나 영화에 자주 나오는 표현은 실제 일상생활에서도 자주 쓰일 가능성이 높다.

K-pop이 전 세계에 유행하면서 수많은 외국인이 한국어 가사를 따라 부르는 모습을 본 적 있을 것이다. 마찬가지로 내가 좋아하는 아티스트의 노래를 반복해서 듣고, 따라 부르다 보면 그 문장이 정확하게 머릿속에서 글자로 남겨지는 경험을 할 수 있다. 최근에는 새

도잉 학습법이 인기다. 섀도잉이란 그림자라는 뜻의 영단어 'Shadow'에서 온 것인데, 들은 말을 그림자처럼 똑같이 따라 하는 연습이다. 말로 내뱉을 수 있어야 정확하게 이해했다는 의미다.

예를 들면, "나는 친구와 점심 먹고 배가 불러 산책했어"라는 문장을 듣고, 처음에는 "나는/친구와/점심 먹고/배가 불러/산책했어"라는 식으로 한마디씩 듣고 말하는 연습을 하다가, 익숙해지면 말하는 분량을 늘려간다. 이 연습을 반복하면 어느새 긴 문장도 듣고 한 번에 말할 수 있는 영어 암기력이 길러지는데, 이는 듣기뿐만 아니라 말하기에도 도움을 줄 수 있다.

수만 번 듣기와 옹알이 끝에 귀가 트이고 입이 트인다. 두려움이 압도하는 순간을 이겨내기 위해선 무한 반복만이 답이다. 영어를 듣고 말하는 순간을 상상하며 반복하는 연습을 게을리하지 않는다면, 외국인 앞에서 영어를 내뱉는 순간이 반드시 올 것이다.

섀도잉, 무조건 따라 한다고 되는 게 아니야

'저 사람 영어 잘한다!'라고 느끼는 요소에는 무엇이 있을까? 풍부한 어휘력, 능수능란한 문장 구사, 낯선 외국인과 망설이지 않고 대화하는 순발력, 대화를 탄탄하게 받쳐주는 문화적 배경 지식… 하지만 무엇보다 물 흐르듯 매끄러운 발음과 억양이 돋보이는 말하기가 아닐까. 누구나 원어민처럼 말하고 싶은 로망이 있을 것이다.

나 역시 그런 로망에 한창 젖어 있을 때다. 영화 〈굿 윌 헌팅〉의 한 장면에 너무 매료된 나머지 배우처럼 영어 연기에 몰입한 적이 있다. 바로 이 장면, 미국 배우 맷 데이먼(윌)과 영국 배우 미니 드라이버(스카일라)가 맛깔나는 대사 연기를 주고받는 상황이다.

Skylar: Do you have a photographic memory?
한번 보면 사진 찍은 것처럼 기억해?

Will: Well, I just kind of remember, how do you remember your phone number, you know. You just do.
그냥 기억하는 거지. 전화번호 어떻게 기억해? 저절로 기억하잖아.

Skylar: Have you studied organic chemistry?
유기화학 공부해본 적 있어?

Will: A little bit.
쪼끔.

Skylar: Just for fun?
재미로?

Will: Yeah, just for kicks.
응, 재미 삼아.

Skylar: Yeah, it's so much fun studying organic chemistry. Are you mad? Have you completely lost your mind? Nobody studies it for fun!
그래, 유기화학 공부가 재미있기도 하겠다. 미쳤어? 정신 나간 거야? 유기화학을 재미로 공부하는 사람은 아무도 없어!

* 이 장면은 유튜브에서 'Good Will Hunting photographic memory'라고
검색하면 찾아볼 수 있습니다.

이 장면이 너무 좋아서 듣고 또 듣다가 따라 하기 시작했다. 미국인과 영국인 1인 2역을 연기해보는 것이다. 그야말로 종이 위에 적힌 대사들이 살아 움직이는 경험이었다. 종이를 누비던 단어들이 살아나 내 눈앞에서 노크했다. 왜 미국 배우가 발음하는 organic은 '올개-닉'인데, 영국 배우는 '오가-닉'이지? 미국 배우는 mad를 '매-드'처럼 발음하는데, 영국 배우는 '마-드'로 발음하지? 온갖 질문이 솟아났다. 또한 배우들이 문장을 어떻게 끊어 읽는지 유심히 살폈다. 그저 왼쪽에서 오른쪽으로 읽는 것이 아니었다. 유의미한 단어 몇 개를 묶어 덩어리로 읽고 있었다. 문장 안에서 마치 롤러코스터를 타는 것과 같았다.

그 후 좋아하는 영화와 드라마를 골라 홀린 듯이 목소리 연기를 하기 시작했다. 복사한 것처럼 똑같이 연기하는 게 너무 즐거웠다. 그 누구도 아닌 나의 '쾌락'을 위한 일이었다. 그렇게 연기에 몰입하니 물 흐르듯 매끄러운 발음은 저절로 따라왔다.

—— 배우처럼 연기하기

우선 어떤 내용인지 완벽하게 이해해야 한다. 영어 대사만으로 이해하기 어려우면 우리말 자막을 함께 보며 내용을 완벽히 이해했다. 모르는 단어나 표현은 사전을 찾아봤다. 그런 다음 영어 자막을 켜고 장면을 여러 번 반복하며 대사를 들었다. 어떤 사람들은 처음 들을 때는 자막을 보지 말고 영어로만 들으면서 귀가 트이게 하라고 하는데 그렇게 하면 모르는 단어는 절대 들리지 않는다. 처음 보는 단어는 영어 자막을 켜놓고 원어민이 어떻게 발음하는지 들으면서 귀에 익숙하게 만들었다. 그런 다음 영어 대사를 직접 말하기 시작했다. 여기서 핵심은 억양이나 강세를 그저 따라 하는 것이 아니라, 실제 배우처럼 감정까지 똑같이 연기하는 것이다. 마치 촬영을 앞둔 배우가 대본을 외우는 것처럼 말이다. 기계적으로 외우는 게 아니라 표현에 실린 감정까지 연기하니 비슷한 상황에서 그 말을 뱉을 때도 훨씬 자연스러웠다.

우리말도 단순히 말을 하는 것보다 감정을 실어서 말할 때 의사 전달이 훨씬 더 명확해지지 않는가? 영어 공부를 할 때도 단순히 표현을 외우거나 익히려 하지 말고, 한마디를 하더라도 마치 배우처럼 멋지게 감정을 살려서 말하는 연습을 시도해보길 바란다. 그러면 분명 한 층 업그레이드된 말하기 실력을 확인할 수 있을 것이다. 영화, 드라마로 섀도잉을 시작하는 분들을 위해 나만의 꿀팁을 전수한다.

1. 너무 전문적인 소재의 작품은 피하자

섀도잉을 시작하는 사람이라면 전문용어가 가득한 의학 드라마나 범죄 드라마 같은 장르물은 좋은 선택이 아니다. 한국어를 이제 막 공부하려는 외국인에게 흉부외과 수술이 난무하는 의학 드라마 〈하얀거탑〉을 추천하는 사람은 아마 거의 없을 것이다.

2. 자막을 충분히 이용하자

처음부터 무작정 대사를 받아쓰는 것은 추천하지 않는다. 자막 없이 들으려다가 한 단어도 못 알아들으면 금세 지치기 때문이다. 과욕은 의욕 상실로 가는 지름길이다. 자막이나 스크립트를 부담 없이 이용하자.

3. 애니메이션으로 시작해보자

같은 모국어를 사용하는 배우들조차 어떤 사람의 발음은 칼로 오린 듯 또렷하고, 어떤 사람은 소리를 집어삼키듯 불분명하다. 배우라고 해도 모든 사람이 성우처럼 명확한 발음을 구사하지 않는다. 게다가 외국어 학습자를 위해 일부러 분명하게 발음하려고 한다면 얼마나 어색하게 느껴질까? 기초 단계에 있는 학습자라면 어린이 애니메이션을 활용해보는 것도 좋은 방법이다. 잘 훈련된 성우들의 목소리 연기는 섀도잉하기에 적절한 재료가 될 수 있다.

4. 자신의 목소리를 녹음해보자

자신이 연기한 목소리를 녹음해 다시 들어본다. 영화 속 장면과 내 발음이 어떻게 다른지, 어색해 보이는 부분은 없는지 비교해보는 거다. 잘 안 되는 부분은 자연스러워질 때까지 연습해서 다시 녹음해보자. 첫 녹음본과 10번째 녹음본은 분명히 다를 것이다. 그 차이를 만끽하자.

5. 속도를 조금씩 올려보자

외국 배우들의 대사 속도는 놀라울 정도로 빠르다. 처음부터 그들의 속도로 섀도잉하는 건 버거울 수밖에 없다. 처음엔 단어 하나씩, 다음엔 의미별로, 그다음엔 문장 전체를, 그러고 나면 장면 전체를 섀도잉하는 것이 좋다. 입에 충분히 익으면 조금씩 속도를 올려보자. 빠른 속도로 자연스럽게 말하는 자신을 발견하게 될 것이다.

영어 울렁증의 특효약,
영어로 혼잣말하기

한국인으로 말할 것 같으면 초등학교부터 고등학교까지 10년간 영어 공부를 한 사람들이다. 그런데도 영어로 말해야 하는 상황이 닥치면 말문이 막히는, 영어 울렁증이 있는 사람들이 많다. 그런 사람들에게 내가 가장 추천하는 방법은 '영어로 혼잣말하기'다. 원어민과 꾸준히 영어 말하기를 할 수 있는 환경이라면 더할 나위 없지만, 누구에게나 그런 기회가 열려 있지는 않다. 최대한 영어로 말하는 시간을 늘리기 위해 외국 친구 사귀기, 어학원 다니기, 영어 말하기 카페 가입하기 등 여러 가지 방법을 시도하지만, 어떤 방법도 원하는 시간 만큼 영어에 노출시킬 수는 없다.

'영어로 혼잣말하기'는 이런 어려움을 줄이는 데 효과적이다. 간혹 이 방법을 추천하면, 틀린 영어를 구사해도 영어 말하기 실력을 키우는 데 도움이 되는지 묻는 사람이 많았다. 나 역시 그랬다. 처음에는 어색하고 이상했다. 하지만 이 방법의 백미는 학습자의 성격에 상관없이 마음껏 연습할 수 있고, 상대가 필요 없다는 것이다.

스스로 어색함만 견디면 자신의 성격에 구애받지 않고 누구나 시도할 수 있다. 타인의 시선을 신경 쓰지 않고 영어 말하기를 연습할 수 있다. 영어로 대화할 때 상대방이 나의 영어 실력을 어떻게 볼지 두려워 말하기가 안 되는 경우가 많다. 영어로 혼잣말하기는 이런 부담 없이 마음껏 해볼 수 있다.

—— 일상 곳곳이 영어 말하기 무대

실제로 영어로 혼잣말하기는 어떤 식으로 진행하면 좋을까? 나는 영어로 아주 쉬운 문장을 구사할 수 있을 때부터 자연스럽게 영어로 혼잣말하기를 했다. 물론 처음에는 한두 문장 정도 내뱉는 게 전부였다. 아는 단어와 만들 수 있는 문장이 턱없이 부족했다. 그래서 특정 상황을 설정하기 시작했다. 예를 들어, '친구와의 점심 약속'을 상상하는 것이다. 머릿속으로는 우리말로 뭐라고 할지가 먼저 떠오른다. 자연스러운 일이다. 내가 평소에 어떤 말을 하는지 모국어로 떠올려보면 일부러 생각하지 않아도 할 말이 떠오른다.

간혹 영어가 유창하지 않은데 처음부터 완벽한 문장을 말하려고 하는 사람들이 있다. 초보 학습자들이 처음부터 영어로 완벽하게 말하려고 하면 긴장되고 두려워서 알고 있는 표현도 생각나지 않는다. 자신이 평소에 하는 말을 떠올려보자. 그 뒤에 영어로 어떻게 할 수 있을지 내뱉어보는 게 훨씬 자연스럽고 편안할 것이다.

구체적인 상황을 떠올려서 혼잣말을 하다 보면 영어로 말할 수 없는 단어나 표현이 생긴다. 그럴 때는 우선 최대한 영어로 말해보는 것이 중요하다. 바로 사전이나 책을 찾아보기 시작하면 말할 시간에 자료만 계속 찾게 된다. 자료 보는 시간이 길어지면 재미가 떨어진다. 꼭 맞는 단어가 아니더라도 내가 아는 표현으로 대체해서 말해본 후 제대로 된 표현을 알고 싶을 때 사전이나 책을 찾아야 한다.

그렇다면 언제, 어디에서 영어로 혼잣말하기를 하면 좋을까? 정답은 '언제든, 편한 곳에서'이다. 영어 혼잣말하기의 궁극적인 목적은 영어를 자연스러운 일상생활로 가져오기 위해서다. 물 마시러 갈 때, TV 볼 때, 빨래 갤 때… 일상에서 영어를 말하며 내 안에 영어가 자연스럽게 스며들도록 하는 것이다.

장소는 내가 가장 편안하다고 느끼는 곳이 좋다. 나는 화장실에서 샤워할 때가 가장 편했다. 다른 가족들의 구애를 받지 않고, 무엇보다 샤워하며 틀어놓은 물소리 덕에 내 목소리가 밖으로 들리지 않아 긴장감을 낮출 수 있었다. 그렇다. 긴장감을 낮추는 일이 가장 중요하다. 그런 면에서 혼잣말하기 학습법은 영어 말하기를 위한 최고의 방법이 될 수 있다고 믿는다.

영어를 완벽하게 해야 한다는 생각을 내려놓고 일상에 녹아들게 하는 방법을 찾다 보면 어느새 영어가 일상이 되는 행복을 누구나 누릴 수 있을 것이다.

한국인이 갖는
소리 선입견만 없애도

성인 영어 학습자가 공통으로 느끼는 어려움이 바로 '발음'이지 않을까. 언어학적으로도 '발음'은 어릴 때 배울수록 좋다고 한다. 물론 어린 시절에 영어권 국가에 거주하더라도 나이대에 따라 숙련도가 다르다. 한 예로 10살과 6살, 4살 터울 자매가 미국에서 3년간 체류하며 영어 환경에 노출되었다고 한다. 그 후 한국에 돌아왔는데, 자매의 영어 발음에 미묘한 차이가 있었다. 일반 사람들은 잘 구분하지 못할 정도로 둘 다 영어 발음이 좋았지만, 첫째가 영어로 말하면 둘째가 발음 지적을 했다. 그러니 성인 학습자가 영어 발음을 잘한다는 건 얼마나 어려운 일인가. 그렇다고 발음을 포기해야 할까? 그렇지 않다. 어린아이가 익힌 완벽한 발음이 아니더라도 의사소통하는 데 문제가 없도록 노력하면 된다.

1. '소리' 선입견을 버리자

한국인의 흔한 실수는 문자를 보고 소리를 유추하려고 하는 것이다. 하지만 실상은 거꾸로 소리를 듣고 문자를 유추하는 연습이 필요하다. 아무리 오랫동안 영어를 공부했어도, '발음'은 별개의 영역이다. 안다고 생각했던 발음도 틀리기 쉽다. 그래서 모든 영어 발음은 처음부터 시작해야 한다. 게다가 영어는 '강세 박자' 언어이기에 리듬을 잘 타야 한다. 강하게 발음할 곳만 강세를 두고 나머지는 약하게 발음한다. 어디에서 호흡을 더 길게 가져가야 하는지도 잊지 말아야 할 포인트. 실제 원어민이 발음한 문장을 따라 해보면 우리가 알고 있는 발음으로는 도저히 똑같이 따라 할 수 없음을 느낄 것이다. 그때가 중요한 순간이다. 내가 아는 발음을 지우고, 말하는 사람의 박자에 맞춰 말해보자.

2. 영어 강세와 약모음 /ə/ (schwa 슈와) 알기

한국어는 음절 박자 syllable-timed 언어다. 반면 영어는 강세 박자 stress-timed 언어다. 한국어는 음절(자음+모음 한 덩어리)마다 하나씩 발음을 명확히 해야 하고, 영어는 강세를 중심으로 리듬에 맞게 발음해야 한다. 예를 들어 strike를 한국식으로 발음하면 /스트라이크/ 5음절이지만, 영어는 1음절이다. 1음절을 1초에 발음해야 한다고 가정할 때 한국식으로는 5초가 걸리지만, 영어로는 1초에 발음해야 한다. 음절이 많은 경우, 중요한 강세 하나가 주어지고 나머지는 약한 강세로 바뀌어 빠르게 흐르듯 발음한다. 우리말에 익숙한 성인 학습자들은 영어 발음을 한국말처럼 하려고 하기에 올바른 발음을 못하는 것이다. 예를 들어 banana는 강세가 가운데 /næ/에 있기 때문에 나머지 모음 발음은 /a/ 발음이 아니라 약모음인 /ə/로 발음해야 한다. 영어 발음 기호는 /bənænə/가 된다.

강세에 따라 품사가 달라져 다른 의미가 되는 경우도 많다. address 같은 단어는 강세를 앞에 두면, 'a' 발음이 /æ/가 되어 발음 기호는 /ædres/이며 '주소'를 뜻한다. 반면 강세가 뒤에 있으면 'a'는 약모음인 /ə/로 발음되어 발음 기호로는 /ədres/이고 뜻은 '연설하다'이다. 따라서 강세에 집중하여 발음하고, 나머지 발음은 약모음인지 확인하는 습관이 필요하다.

3. 연음의 원리를 이해하자

영어에서 나타나는 연음 중 가장 흔한 형태는 '자음+모음'이다. 어휘가 아니라 문장에서도 단어 끝에 있는 자음과 이어지는 단어 앞에 있는 모음이 만나면 연음 현상이 나타난다. pick up/픽업/은 앞에 있던 /ㅋ/ 자음 발음이 뒤에 모음 발음과 붙어 /피컵/으로 발음되는 식이다. 또한 자음 다음에 'e'로 끝나는 경우, 'e' 발음이 생략되면서 앞에 자음으로 끝나는 것과 같은 원리로 연음 현상이 나타난다. 예를 들어, like it은 /라이ㅋ잇/이 아니라 /라이킷/으로 발음된다. 발음상 끝에 있던 /ㅋ/ 발음이 뒤에 있는 모음과 합쳐지는 것이다.

그리고 '자음+자음'의 형태가 있다. 우선 동일한 자음이 오는 경우다. 예를 들어, best time은 /베스트 타임/이 아니라 /베스 타임/으로 발음하면 된다. 스펠링은 다르지만 같은 위치에서 발음을 만드는 자음이 연달아 나오는 경우도 있다. help me는 /헬ㅍ 미/가 아니라 /헬 미/로 발음한다. /p/와 /m/은 모두 같은 위치에서 발음이 만들어지기 때문에 하나만 발음하는 것이다. 이 밖에도 연음 현상이 되는 예는 많다. 하지만 기본 원리를 이해하고 접근한다면 하나씩 원리를 알아가며 제대로 된 발음을 할 수 있게 될 것이다.

4. 억양에 따라 달라지는 의미를 파악하자

영어 상급자로 가기 위해서는 유창하고 자연스럽게 말하기가 관건이다. 자신의 의도대로 문장을 다룰 수 있어야 한다. 한 문장 안에서도 끝을 올리느냐 내리느냐 혹은 어떤 단어를 강조해서 발음하느냐에 따라 의미가 달라질 수 있다. 억양intonation에 따라 문장의 의미가 달라진다는 말이다. 우리가 잘 알고 있는 'I beg your pardon.'이라는 문장도 끝을 올려서 발음하면 상대방의 말을 잘 알아듣지 못했을 때 '뭐라고요?'라고 되묻는 표현이 된다. 하지만 끝을 내려서 발음하면 자기 말이나 행동에 대해 사과의 의미로 하는 '죄송합니다'가 된다.

두 번째로 특정 단어에 힘을 주어 발음하여 억양을 다르게 하는 경우가 있다. 이를테면, "He did the right thing(그는 옳은 일을 했어)."에서 'He'를 강조하면 다른 사람이 아니라 바로 그 남자가 옳은 일을 했다는 의미다. 'did'를 강조하면 그의 행동을 강조하는 것이다. 이처럼 어디에 더 힘을 줘서 말하느냐에 따라 억양이 달라져서 뉘앙스나 전하는 의미가 달라질 수 있다.

독해/작문,
이렇게 완성하자

(Reading)
(Writing)

읽기/쓰기

어휘는 벽돌 한 장 같은 존재다. 벽돌이 없으면 집을 지을 수 없는 것처럼, 어휘 공부를 소홀히 하면 아무리 열심히 공부해도 영어를 잘할 수 없다. 멋진 집을 완성하기 위해서는 꾸준하게 어휘를 학습해야 한다. 이때 중요한 것은 자기에게 필요한 어휘를 익히는 것이다. 추운 지역과 더운 지역에 짓는 집이 다른 것처럼 상황에 따라 필요한 재료가 다를 수 있다.

독해는 한국인이 가장 자신 있어 하는 영역이다. 정규교육을 받았다면 최소 10년 이상 집중해서 공부한 부분이기 때문이다. 올바른 독해 공부는 자기 분야의 지식이나 정보를 찾아서 읽는 데 있다. 그렇게 하려면 관련 분야의 어휘 학습부터 시작해서 문장을 정확하게 읽고 해석할 수 있도록 문법적인 지식도 함께 갖춰야 한다. 자연스럽게 어휘와 문법 학습이 강조되는 이유다. 자신이 읽고 싶은 글을 이해하기 위한 수단으로 영어 독해 실력을 키우는 게 중요하다.

더불어 작문은 영어 학습에서 난도가 가장 높은 파트라 볼 수 있다. 영어를 배우며 가장 쓸 일이 없는 기술이기 때문이다. 연습할 기회도 부족할 뿐만 아니라 보통 글을 쓴다면 주어진 상황과 규칙에 맞춰서 써야 하기에 더욱 어려움이 있다. 글의 형식에 필요한 규칙을 배워야 하기 때문이다. 메일을 쓴다고 하더라도 처음부터 끝까지 순서에 따라 들어갈 내용이 달라진다. 논문과 같은 아카데믹한 글을 쓴다고 하면, 문어체로 쓰는 방식부터 인용법까지 전문적인 작문 기술을 익혀야 한다. 영어로 생각을 표현하기도 어려운데, 그런 규칙까지 따르자면 얼마나 많은 시간과 노력을 기울여야 할까. 그렇다고 시작도 안 하고 포기하지는 말자. 그래도 성인 학습자에게 가장 유리한 영역이니까. 모르면 배우고 익히면 된다. 지금부터 어휘, 독해, 작문 학습 방법 및 전략에 대해서 알아보도록 하자.

편향적 사고에 빠지지 않는
배경지식 활용법

듣기, 말하기, 읽기, 쓰기 중에 한국인들이 가장 자신 있는 영역이 바로 읽기, 엄밀히 말하면 독해가 아닐까. 성인 학습자의 경우, 독해를 잘하면 분명 영어 공부에 도움이 된다. 어떻게 해야 독해 실력을 향상시킬 수 있을까?

글 전체를 이해하기에 앞서 문단 단위로 나눠서 이해할 수 있어야 한다. 문단은 문장으로 이루어져 있으니 문장의 구조를 분석하고 문장 안에 쓰인 어휘의 뜻을 정확히 알아야 해석도 할 수 있다. 순차적으로 본다면, 어휘, 문장, 문단, 글 순서로 올라가는 게 맞을 것이다. 그런데 이 모든 과정을 한 번에 해결할 방법이 있다. 바로 배경지식을 최대한 활용하는 것이다. 심리학자 장 피아제Jean Piaget는 우리가 인지할 때 자신이 알고 있는 '스키마schema'라는 틀에 새로운 지식과 정보를 입력하여 불

균형에서 균형으로 가는 과정을 거친다고 말한 바 있다. 즉, 기존의 지식을 활용하여 새로운 지식을 받아들인다는 뜻이다. 영어 독해도 마찬가지다. 우리말로 익힌 지식을 활용해 영어를 읽고 해석하며 이해한다. 이는 영어 교수법의 대표적인 이론 중 하나인 '내용 중심 교수법 content-based instruction'에서 주로 적용되는데, 교과목을 영어로 가르치는 것을 말한다. 언어 학습 자체에 초점을 두는 게 아니기 때문에 학습자들의 흥미와 동기를 유발하는 풍부한 학습 자료를 제공한다.

내용 중심 학습에서 주의할 점이 있다면, 기존 지식이나 정보에 의존해 불완전한 해석을 하는 경우다. 다시 말해, 자신이 아는 지식에 주어진 정보를 받아들이는 경향성을 말한다. 심리학에서는 이를 '확증 편향confirmation bias'이라고 하는데, 자신이 보고 싶은 것만 보고, 듣고 싶은 것만 듣는 경향을 의미한다. 실제 한국인들이 어학 시험에서 독해 문제를 풀 때 이 현상이 자주 나타난다. 자신이 아는 어휘에서 답을 찾으려 하거나, 지문에 자주 나온 어휘를 중심으로 답을 찾으려는 것이다.

독해를 잘하기 위해서는 어떤 식으로 배경지식을 활용해야 할까? 우선 영어 공부에서 기본이라 할 수 있는 어휘를 학습할 때부터 문맥에서 그 어휘가 어떻게 쓰였는지 확인하는 습관을 들여야 한다. 그래야 내가 가진 배경지식을 이용하더라도 영어를 해석하면서 다른 길로 빠지지 않을 수 있다. 그리고 문장에 쓰인 구문이나 숙어 표현도 정확히 알아야 한다.

어휘, 구문, 표현 등 문장의 기초가 되는 학습을 장착한 상태에서 배경지식을 활용한다면 오류 없이 주제 혹은 맥락을 이해하기가 더 수월할 것이다. 기초를 제대로 쌓지 못한 성인 학습자의 경우에 자신이 아는 정보나 지식에 갇혀 자신도 모르게 그 틀 속에서만 해석하는 오류를 범한다. 특히 영어 초보자는 자신이 아는 어휘 몇 개만 보고 전체 문장을 해석하려고 하거나 구문이나 표현을 정확히 모른 채로 해석하다 보니 오류를 범한다.

뇌과학적으로도 만 10세 이전에는 청각을 활용하여 언어가 발달하지만, 만 10세 이후부터는 전두엽의 발달로 인해 이성적 사고가 가능해지기에 글을 읽고 쓰는 능력을 기를 수 있다고 한다. 따라서 성인 학습자라면 듣기나 말하기도 좋지만, 우선 독해를 통해서 영어 실력을 향상시키는 것이 유효하다고 볼 수 있다.

물론 말하기를 잘하기 위해서는 말하기 연습을, 듣기를 잘하기 위해서는 듣기 연습을, 쓰기를 잘하기 위해서는 쓰기 연습을 해야 실력이 향상된다. 하지만 우리가 다양한 음식을 먹으며 건강해지는 것처럼, 다양한 글을 읽고 배경지식을 쌓아서 영어 독해를 한다면 분명 영어 실력을 기르는 데 초석을 다질 수 있다. 특히 말하기가 중점이 아니라 특정 분야에서 영어로 된 글을 읽고 지식을 쌓는 것이 목적이라면 더더욱 배경지식을 활용한 영어 독해 학습법을 적극적으로 활용해야 한다.

백지에 새로운 그림을 그리기는 쉽지 않지만, 누군가 점선으로 모양을 잡아둔 그림을 따라 그리면 훨씬 쉽고 빠르게 그림을 완성할 수 있다. 영어 공부도 같은 원리다. 내가 가진 모든 지식과 경험을 활용하여 영어 학습에 적용한다면 조금 더 빠르고 쉽게 앞으로 나아갈 수 있을 것이다.

'내가 만든 단어장'의
위력

영어 교사로 일하며 교실에서 쉽게 목격할 수 있는 광경이 있다. 학원에서 받아 온 수십 장의 단어장을 외우는 학생들의 모습이다. 하루에 적게는 30개, 많게는 100개에 달하는 영단어를 외우면서 영어 공부 하기 싫다는 말을 입에 달고 산다. 나의 학창 시절을 떠올려봐도 단어 학습은 그다지 유쾌한 기억이 아니다. 이해의 영역이라기보단 기계적 암기에 가까웠다.

하지만 영어 교사로서 효과적인 영어 학습을 위한 방법들을 고민하고 연구하며 깨달은 바가 있다면, 단어는 영어 학습의 시작과 끝이라는 점이다. 이른바 영어의 '4가지 기능'으로 불리는 듣기, 말하기, 읽기, 쓰기는 모두 단어에서 시작한다. 즉, 단어는 영어 학습에 필요한 기본 총알과도 같다. 총알이 없으면 방아쇠를 당겨도 소용 없듯이 어휘력이 충분히 갖춰지지 않으면 들을 수도,

말할 수도, 읽을 수도, 쓸 수도 없다. '아는 만큼 보인다' 라는 말도 영어 학습에 그대로 적용할 수 있다. 우리는 아는 만큼 듣고, 말하고, 읽고 또 쓰게 된다.

자녀 교육 분야의 유명한 저술가인 칼 비테Karl Witte 역시 어휘력을 높이는 것이 학습 능력 향상의 시작임을 강조한 바 있다. 그만큼 어휘력은 중요하며, '똑똑하게' 학습해야 한다. 단어 공부, 어떻게 하면 똑똑하게 할 수 있을까?

먼저 보편적인 단어 학습법인 영어와 한국어를 1:1로 연결하는 방법에 관해 살펴보자. 시중에 팔리는 단어장, 혹은 학교나 학원에서 제공하는 단어를 공부하는 학습자 대다수는 영어 단어를 대표 의미 하나와 짝지어 암기한다. 이를테면 'run=뛰다'라고 외우는 것이다. 하지만 상황과 맥락에 따라 'run'은 서로 다른 뜻을 가질 수 있다.

I had to run to catch the bus.
나는 그 버스를 잡아타기 위해 뛰어야 했다.

Please run a bath for me.
욕조에 물 좀 받아줘요.

We've run short of milk.
우린 우유가 다 떨어졌다.

He has no idea how to run a business.
그는 사업체를 어떻게 경영하는지 전혀 모른다.

Buses to Oxford run every half-hour.
옥스퍼드행 버스는 30분마다 다닌다.

Will the software run on my machine?
그 소프트웨어가 내 기기에서 작동할까요?

You could have run me over.
네가 날 차로 칠 뻔했다.

* 출처: Oxford Advanced Learner's English-Korean Dictionary.

하나의 단어인 run이 문장에 따라 '뛰다, (물을) 받다, 다 떨어지다, 경영하다, 다니다, 작동하다, 치다' 등으로 해석 가능하다. 만약 run을 '뛰다'로만 기억했다면 위 7개의 문장 중 하나의 문장만 올바르게 해석할 수 있었을 것이다. 이처럼 영어와 한국어를 1:1로 암기하는 방법은 한계가 있으며, 반드시 다른 방법을 취해야만 한다.

나는 중학교 시절, 외고 입시를 준비한 적이 있다. 당시 외고 입시에는 높은 수준의 영어 실력이 요구되었고, 학교마다 선별 시험이 존재했다. 선별 시험을 준비하기 위해 중학교 수준을 훨씬 뛰어넘는 영어 공부가 필요했다. 치열한 노력에 비하면 쓴맛 나는 결과를 얻었지만, 그 과정을 통해 좋은 실력을 쌓을 수 있었다. 수능을 위한 기초 학습을 고등학교 입학 전에 어느 정도 끝낼 수 있었던 것이다.

선행학습을 충분히 한 까닭에 시중에 나온 고등학교 3학년을 대상으로 한 단어장도 별 도움이 되지 않는다고 판단했다. 고등학교 입학과 동시에 '나만의 영어 단어장'을 만들기로 결심했다. 방법은 간단했다. 모의고사에서 틀린 문제나 고난도 문제에서 쓰인 어휘들을 중심으로 단어를 선별한 다음 한쪽 면에는 모의고사 문제들을 스크랩하여 붙였고, 다른 한쪽에는 몰랐던 단어를 정리해두었다. 틀렸거나 어렵다고 느꼈던 문제에서 단어를 추리고 정리하는 과정은 영어와 한국어를 1:1로 매칭하는 암기법보다 훨씬 효과적이었다. 문장 혹은 문맥을 통해 단어를 외웠기 때문에 의미를 더욱 폭넓고, 깊이 있게 기억할 수 있었다.

그렇게 내가 만든 단어장으로 고등학교 시절을 보냈다. 단어 공부는 따로 하지 않았으며 틈날 때마다 외웠다. 학원으로 이동하는 시간, 선생님이 잠시 준 자유 시간, 화장실에서의 자투리 시간을 활용했다. 단어장 끝이 너덜너덜해질 때까지 반복해서 보았고, 수능장에는 직접 만든 단어장 세 권을 챙겨 갔다. 단어장을 전부다 훑어보는 데 30분도 채 걸리지 않았다. 3년간 반복해서 본, 세 권의 단어장은 이미 머릿속에 저장되어 있었다. 이 단어들은 내 영어 실력의 단단한 뿌리가 되었고, 그 덕에 원하는 성적도 거둘 수 있었다. 현재 번역 관련 활동을 할 수 있는 것도 그 시절 익혔던 어휘 덕분이다.

본인이 어느 정도 기초 학습이 되었다고 자신하는가? 그렇다면 시중의 단어장을 외우는 대신 '나만의 단어장'을 만들어보자. 문제를 오려 붙이고, 문장을 분석하며 단어를 정리하다 보면 분명 깊게 뿌리 내린 어휘들을 만나게 될 것이다.

—— 단어장에 고를 단어들

어휘 학습을 하면서 가장 효과적인 방법은 지금 당장 필요한 어휘부터 학습하는 것이다. 수능을 공부한다면 수능 기출 어휘, 토익을 준비한다면 토익 기출 어휘,

토플을 준비한다면 토플 기출 어휘를 찾아서 공부한다. 회화를 배우고 싶다면 자신이 구사하고 싶은 표현에 나오는 어휘를 익힌다.

우리가 한국어 원어민으로서 모든 분야의 어휘를 알 수 없듯이, 영어를 학습할 때도 마찬가지다. 내게 필요한 어휘를 먼저 학습하는 것이 시간과 노력을 줄일 수 있다. 당장 필요한 어휘를 외우기 때문에 동기부여도 분명하다. 동기부여가 강한 학습만큼 효과가 큰 공부도 없기에 꼭 자신에게 필요한 어휘 먼저 학습하라고 말하고 싶다. 물론, 나만의 단어장을 만들기에 앞서 어느 정도 기초 어휘는 숙지해야 한다. 다음은 '나만의 단어장'을 만들 때 유용했던 방법 몇 가지를 소개하고자 한다.

—— 나만의 단어장 만드는 법

1. 줄이 있는 스프링 노트 구하기

일반적인 노트를 활용할 수도 있지만, 단어장이 완성되고 반복해서 학습할 것을 대비해야 한다. 여러 번 돌려볼 수 있는 양장 스프링 노트를 추천하며, 줄에 맞춰 깔끔하게 정리할 수 있도록 유선 노트를 추천한다.

2. 문제 스크랩하기

틀린 문제나 고난도 문제를 오려 붙인다. 단, 틀린 문제를 모두 붙이다 보면 단어장의 두께를 감당할 수 없게 되니, 되도록 분석할 가치가 있는 좋은 문제를 추려낸다. 인터넷 강의를 보면서 공부한다면 강사가 풀어주는 문제가 보통 스크랩할 가치가 있는 문제라 볼 수 있다. 문제를 오려 붙일 때는 한 면에 최대한 들어가도록 접어서 붙인다.

3. 문제 분석하기

고난도 어휘나 문제를 풀면서 뜻이 헷갈렸던 단어들을 형광펜으로 표시한다. 너무 길거나 어려운 문장은 문장 성분(주어, 동사, 목적어 등)으로 쪼개어 분석한다.

4. 단어 정리

형광펜으로 표시했던 단어를 다른 한쪽 면에 정리한다. 단어를 정리할 때는 사전을 활용하며, 하나의 단어에 한 개의 뜻만 적지 않는다. 최대한 여러 다른 뜻을 함께 적어본다.

아주 쉬운 기초 어휘라 할지라도, 문제를 풀면서 조금이라도 헷갈렸다면 주저하지 말고 단어장에 적는다. 어떤 단어와 헷갈렸는지, 혹은 어떤 뜻으로 착각했는지에 대해서도 작은 글씨로 함께 적어두면 혹시 모를 실수를 방지할 수 있다. 뜻이 여러 개인 다의어는 번호를 매겨 정리한다. 여러 뜻을 적고 난 뒤에는 앞 글자에만 동그라미 혹은 형광펜을 칠해 외운다.

예시) figure out
① 이해하다 ② 계산하다 ③ 발견하다

단어장을 여러 번 돌려 보았음에도 외워지지 않는 단어가 있다면 포스트잇에 옮겨 적은 후 집 안 이곳저곳에 붙여둔다. 오며 가며 완벽하게 외웠다면 포스트잇을 뗀다. 어휘에 노출되는 기회를 많이 만들수록 좋다.

다독을 통한
영어 자존감 높이기

《크라센의 읽기 혁명》에는 책 읽는 아이로 키우는 비결 중 하나로 '첫 키스 같은 한 권의 책을 만나게 해주라'는 조언이 등장한다. 과연 어른이라고 다를까? 감동적인 원서 한 권이 당신의 영어 학습을 향한 의지를 불태워줄 수도 있다. 그럼 짜릿한 감동을 주는 원서를 찾아 어떻게 읽으면 되는지 살펴보자.

책은 크게 문학과 비문학으로 나눌 수 있다. 영어 학습자에게 진입 장벽이 더 낮은 분야를 묻는다면 당연히 문학이다. 비문학은 초보 독자들이 읽기에 낯선 용어가 등장하기 때문에 좀 더 까다롭다. 물론 시의 경우는 다르다. 비유나 함축 같은 시적 허용이 더 어렵고 부담스러울 수 있다. 소설처럼 이야기가 있는 원서를 추천한다. 특히 감동적으로 봤던 외국 영화 중에 소설 원작이 있는지 찾아보자. 한국어로 번역된 소설이면 더욱 좋다. 오랫동안 사랑받은 고전 소설을 원작으로 한 영화라면 번역서를 구하기도 쉽다.

소설 원서가 분량과 영어 수준 때문에 부담된다면 아동용 책부터 읽어볼 것을 권한다. 아동용 책도 수준이 천차만별이지만, 자기 수준에 맞는 책 중에 흥미를 느낄 만한 작품을 골라보자. 《Pip and Posy》, 《Peppa Pig》 등 유아용 그림책부터 챕터북 시리즈 형식인 《Magic Tree House》 같은 책까지 자신에게 어렵지 않은 수준의 책을 고르는 것이 중요하다. 감동받은 디즈니 영화가 있다면 그런 종류의 작품을 선택하는 것도 좋다. 흥미를 느낄 수 있어야 하고, 지속성을 가지고 학습할 수 있는 작품을 고르면 된다.

자신에게 맞는 작품을 잘 골라 완독했다면 원서 읽기에 어느 정도 흥미와 자신감이 생길 것이다. 완독한 책이 늘어날수록 영어 실력과 함께 영어 자존감이 상승 곡선을 그린다. 다독을 통해 영어 학습 선순환 구조가 만들어진다.

특히 성인 학습자가 외국어를 배울 때 여러 학습법 중에서도 읽기가 가장 효과적이라는 연구 결과가 많다. 성인은 이미 모국어 체계가 완벽하게 자리 잡혀 있어 배경지식을 동원한다면 읽기를 통해 짧은 시간 안에 더 빠르게 언어를 학습할 수 있기 때문이다.

—— 원서를 읽을 때 알아두면 좋은 팁 3가지

1. 의미가 있는 문장에 표시하기

처음 영어 소설을 읽을 때는 모르는 단어를 체크하느라 바빴지만, 언젠가부터는 모르는 단어에는 노랑 형광펜을 칠하고 기억하고 싶은 문장에는 분홍 형광펜을 칠하기 시작했다. 시간이 지나면 단어는 다시 잊어버리게 될 테지만, 내게 의미가 있었던 문장만큼은 다시 기억할 수 있도록 강렬한 색으로 표시했다. 언제든 다시 책을 펼쳤을 때, 책을 읽었던 그때의 기억을 되돌리는 데에 도움이 되기 때문이다.

2. 처음 5분은 소리 내어 읽기

우리말이 아니기에 영어 소설을 몰입하면서 읽기는 쉽지 않다. 책을 처음 폈을 때는 잡다한 생각이 들지도 모른다. 이럴 때 5분 만이라도 소리 내어 읽다 보면, 읽는 활동에만 집중하게 되어 어느새 읽기 몰입을 경험할 수 있다.

3. 오디오북 적극 활용하기

종이책과 오디오북을 병행해서 활용하는 것을 추천한

다. 특히 출퇴근길 같은 이동 시간에 오디오북 듣기를 추천한다. 유료 오디오북 구독 서비스인 오더블은 아마존 전자책과 연동되어 사용하기에 편리하다. 또한, 자서전은 작가 본인이 읽어주는 경우가 많아 더욱더 생생하게 들을 수 있다.

원작 소설이 가져다준
원서 읽기의 즐거움

'영어 원서' 하면 어떤 이미지가 떠오르는가? 아마도 두꺼운 전공 서적이나 영어로 빽빽이 채워진 문고본이 떠오를 것이다. 하지만 원서의 매력에 빠지면 어떤 공부법보다 재미있다는 걸 알게 된다.

고백하건대 나는 질투심 때문에 원서를 읽기 시작했다. 학창 시절, 사교육을 받지 않고도 영어 좀 한다는 소리를 들었지만, 여동생과 나눴던 짧은 대화로 인해 알량한 자존심에 스크래치가 생겼기 때문이다.

"언니, 요새 원서 뭐 읽어?"

갑자기 이게 뭔 소리인가 싶었다. 여동생은 영어를 전혀 잘하는 사람이 아니었다. 평소에 원서는 당연히 읽지도 않았고, 언어보다는 수학과 과학에 뛰어났다. 동생보다 영어 실력이 낮다는 우월감이 있었지만, 그것은 아주 좁은 우물 안에서나 유효한 것이었다. 여동생이 샌

프란시스코로 9개월 정도 어학연수를 다녀온다고 해도
별로 신경 쓰이지 않았다. 이런 말을 듣게 되기 전까지
는 말이다.

"언니는 영어 잘하니까 당연히 읽는 줄 알았지."

우물쭈물하던 내게 동생은 원서 한 권을 건넸다.
이미 자존심에 스크래치가 나버렸지만 여동생이 내미
는 원서를 받지 않을 수 없었다. 파울로 코엘료의 《연금
술사 The Alchemist》였다. 한 손바닥에 들어올 만큼 작은 페
이퍼백이었다. 주르륵 넘겨보니 겨우 197쪽. 동생이 나
가자마자 책상 앞에 앉아 첫 페이지를 넘겼다. 종이가
얇아 바스락 소리가 났다.

The boy's name was Santiago. Dusk was falling as
the boy arrived with his herd at an abandoned
church. The roof had fallen in long ago, and an
enormous sycamore had grown on the spot where
the sacristy had once stood.

첫 문장은 거뜬하게 이해하고 넘어갔다. 그다음 문
장도 그랬으면 좋았을 텐데 아쉽게도 그럴 수 없었다.
'Dusk'에서 턱! 하고 걸리고 말았다. 일단 연필을 들고

'Dusk'에 동그라미를 쳤다. 몇 단어 안 지나서 또 'herd'에서 턱! 다음 줄로 잘 가나 싶더니 'sycamore'에서 턱! 'sacristy'에서 마지막으로 턱! 아니, 쉬운 원서라며? 어떻게 연이어 세 문장을 못 읽을 수 있나. 무너진 자존심을 회복하는 길은 요원해 보였다. 오늘은 한 페이지만 읽자는 심정으로 조금만 버텨보기로 했다.

'Dusk'의 뜻을 네이버 영어사전에서 찾으니 '황혼, 땅거미'라고 나왔다. 서로 다른 두 의미가 어떻게 한 단어에서 나오지? 의아했다. 이럴 땐 나만의 방법이 있는데, '구글 이미지'로 단어를 검색해보는 거다. 시각적 정보를 통해 단어를 유추할 수 있고 단어 뜻을 떠올리기도 쉽다. 구글 이미지 검색창에 입력하니 아름다운 노을 사진이 잔뜩 나왔다. 퍼즐이 조금씩 맞춰지는 기분이 들었다.

> 양 치는 소년, 산티아고. 노을이 아름다운 해 질 녘에 양 떼를 몰고 폐허가 된 교회에 도착했다.

'sycamore'는 유럽산 단풍나무의 일종, (미국산) 플라타너스라고 나왔다. 아무리 말로 설명한들, 우리는

저 나무를 모를 수밖에 없다. 이미지 검색을 통해 찾아보니 잎이 풍성해서 사방으로 흐드러지는 커다란 나무다. 마지막으로 'sacristy'는 성당 어딘가에 굳게 닫혀 있을 법한 방 사진이 나온다. 교회나 성당에서 쓰는 물건을 보관하는 방이라는 걸 알 수 있었다. 한때 성물 보관실이었을 그곳에 아주 커다란 플라타너스만 남아 있다는 의미라는 걸 깨달았다. 사진으로 보니 모든 단어가 생생히 살아 움직이는 걸 느꼈다.

—— 문학의 아름다움을 기꺼이 즐기며

단어를 시각화하면서 책을 천천히 읽어나가니 원서를 읽는 두려움이 서서히 즐거움으로 바뀌었다. 처음부터 이렇게 원서를 술술 읽었던 건 아니었다. 한 달에 몇 권을 읽겠다, 단어 몇 개를 외우겠다고 결심한 것도 아니었다. 하지만 양 치는 소년 산티아고가 해 질 무렵, 양 떼를 이끌고 옛 교회 터의 플라타너스 나무에서 잠시 쉬어가는 장면을 지금도 잊지 못한다.

산티아고의 아름다운 인생 여정을 함께한 나는 다른 책을 찾아보기 시작했다. 한국에 번역되어 나온 책이 다음 목표가 되었다. 책장을 열면 단순히 독자가 아니라, 주인공이 되어 소설 속 시공간에 기꺼이 스며 들어갔다. 《모리와 함께한 화요일Tuesdays with Morrie》을 통해 잠시나마 죽음을 앞둔 교수님을 화요일마다 찾아가는 제자가 되기도 했다. 《쇼퍼홀릭Shopaholic》을 통해 물불 못 가리고 쇼핑 중독에 빠진 여자가 되기도 했다. 《더 로드The Road》를 통해 온통 파괴된 세상에서 아버지와 아들이 어딘지 알 수 없는 남쪽 나라로 향하는 험난한 길을 가슴 졸이며 동행하기도 했다. 냉소적이고 시크한 문체가 매력적인 빌 브라이슨의 《나를 부르는 숲A Walk in the Woods》을 읽을 때는 낄낄 웃어댔다.

원서를 읽으면서 '슬기로운 영어 공부 생활'이 새롭게 열렸다. 토익이나 토플, 텝스를 준비하며 조각난 문장을 읽던 것에서 한 걸음 나아간 기분이었다. 문학을 통해 더 넓은 세계를 경험하면서 나의 세계도 확장됨을 느꼈다. 시중에 나온 단어집에서 10개씩 외우던 단어들은 몇 주만 지나도 흔적도 없이 머릿속에서 사라졌지만, 문장 혹은 문맥 속에서 함께 숨 쉬며 익힌 단어와 어구들은 쉽게 지워지지 않았다.

다음은 원서를 처음 읽기 시작하는 분들을 위해 나만의 노하우를 소개하고자 한다.

1. 시작은 무조건 잘 읽히는 책을 고르자

당신이 지금 당장 읽고 싶은 책이, 원서 읽기의 시작으로 적합하지 않을 수 있다. 내 수준에 맞지 않는 책은 의욕을 꺾는다. 쉬운 책을 여러 권 읽으며 완독하는 경험을 쌓자. 그래야 자신감이 생기고 학습 의욕도 끌어올릴 수 있다.

2. 번역본이 출간된 원서를 고르자

원서를 읽다 보면 단어를 찾아내는 것만으로 해석이 충분하지 않은 경우가 많다. 이미 한국어로 읽었던 작품, 그중에서도 좋아했던 작품을 원서로 찾아보는 걸 추천한다. 원서와 번역서를 병행해서 읽으면 이해의 폭도 넓어지고 작품을 더 깊게 경험한 느낌을 받을 수 있다.

3. 주변에 적극적으로 물어보자

주변에 원서를 이미 좋아하는 사람들이 있을지도 모른다. 자신이 그간 읽었던 책이나 영어 수준을 구체적으로 말하면, 수준에 맞는 원서들을 추천받을 수 있을 것이다.

4. 책을 신성하게 여기지 말자

원서는 우리에게 책인 동시에, 노트이자 교재이다. 모르는 단어에 동그라미 치고, 모르는 문장에는 밑줄도 긋고, 떠오르는 생각을 책 귀퉁이에 적어보자. 좋은 구절이 있으면 포스트잇을 붙여도 좋다. 치열하게 공부한 흔적 자체가 귀한 기록이다.

5. 여러 권을 동시에 읽어보자

원서는 단어의 보물창고다. 한 책에서 발견한 단어를, 다른 책에서도 발견했을 때, 그 짜릿함은 이루 말할 수 없다. 문맥 속에서 자주 만나는 단어는 나만의 단어 저장고에 보관한다.

6. 영어 그림책, 동화책을 읽어보자

어린이책을 어린이만 읽는다는 것은 큰 오해다. 어른들도 어린이책의 아름다운 표현과 정서를 즐길 수 있다. 아무리 쉬운 영어 그림책이라고 해도 낯선 단어가 등장한다. 모르는 단어를 발견하면 답답해하기보다 새로운 단어를 익힐 수 있는 반가운 순간이라고 여기자.

7. 여러 명과 함께 읽자

원서 읽기 소모임을 만들어도 좋고, 인스타그램과 같은 SNS로 모르는 사람들과 함께 읽어도 좋다. 챕터를 정해서 같은 시기에 함께 읽어나가면 서로 큰 도움을 주고받을 수 있다. 끈끈한 유대감은 기본이다.

8. 완독의 강박을 버리자

한번 읽기 시작한 책은 무조건 끝까지 읽는 걸 목표로 하는 사람들도 있지만, 뭐든 마음먹은 대로 되지 않는 법이다. 난해한 문장에 몇 번 걸려 넘어지다 보면 의욕도 뚝 떨어진다. 이해하기 어려운 문장이 나오면 연필로 표시해두고 과감히 넘어간다. 그렇지만 자신에게 안 맞는 책이라면 꾸역꾸역 읽기보다 과감하게 덮는 것도 방법이다. 재미없는 일은 언제나 미뤄지기 마련이다. 나에게 맞는 책은 하늘의 별만큼이나 많다.

9. 같은 책을 다시 읽어보자

분명히 어려웠던 책인데 다시 읽으니 마법처럼 술술 읽힐지도 모른다. 더듬더듬 짚었던 문장이 친숙하게 다가올 때의 희열을 느껴보자. 또 모르는 단어가 있더라도 실망하지 말고 다시 한번 익힐 수 있는 기회라고 생각하자.

10. 내가 잘 아는 관심사를 찾아 읽어보자

소설에 흥미가 없다면 논픽션(비소설)도 좋다. 내가 좋아하는 분야를 원서로 찾아보자. 그림이나 예술에 관심이 많다면, 관련 도서를 읽어보는 거다. 영어를 공부하면서 흥미 있는 분야의 지식과 교양을 동시에 쌓을 수 있는 일석이조 공부법이다.

2년간 하루 20분 총 8권, 영작 루틴 만들기

'Slow and steady wins the race.'라는 말을 들어본 적이 있는가? 천천히 그리고 꾸준히 하면 경주에서 이긴다는 뜻이다. 듣기, 말하기, 읽기 외에 마지막에 놓인 '쓰기'라는 영역은 결국 '아웃풋'이기에 끊임없이 연습하지 않으면 아웃풋 세포가 사라질지 모른다. 따라서 꾸준한 영작을 통해서 그 감을 익히길 바란다.

새로운 세상에 대한 호기심으로 가득 찼던 대학교 1학년 시절, 여름방학에 열리는 전 세계 대학생 글로벌 캠프가 있다는 소식을 듣고 호기롭게 지원서를 썼다. 그런데 이게 웬걸? 자기소개 부분을 영어로 써야 하는 것이 아닌가! 나름 꾸준히 영어 공부를 해왔다고 생각했는데, 영작은 또 다른 어려움을 안겨주었다. A4 반쪽 분량의 자기소개를 영어로 쓴다는 게 꽤 막막했다. 사전을 찾아가며 겨우 몇 줄 적어 내려가다가 포기하고, 먼저 우리말로 자기소개서를 완성했다. 그런 다음 영어로 번역했는데 시간도 오래 걸렸을뿐더러 문장도 어색했다. 인풋이 있으면 아웃풋은 자연스럽게 생긴다고 생각했는데, 쓰기에도 연습이 필요하다는 걸 깨달았다.

도대체 영작은 어떻게 공부해야 할까? 사실 영작은 공부하기가 제일 까다로운 분야라고 볼 수 있다. 글쓰기는 4지 선다형 문제처럼 하나의 정답이 있지 않다. 어휘의 쓰임도 워낙 다양해서 단어 하나 고르기도 만만치 않다. 글을 완성한 다음에는 교정하는 과정도 중요한데, 원어민 수준의 글쓰기 실력을 갖추고 내가 쓴 글을 꼼꼼하게 봐줄 사람을 찾기도 쉽지 않다. 결국 영어 공부의 기본 원칙으로 돌아가야 한다. 꾸준히 많이 쓰는 것.

—— 나만의 루틴을 찾아서

꾸준하게 영작을 하기 위해서는 루틴이 필요했다. 처음 시작한 것은 영어 일기 쓰기였다. 일기를 꾸준히 쓰는 타입이 아니었기에 이참에 일기 쓰는 습관까지 키우겠다고 야심 차게 도전했다. 영어로 하루를 마무리하는 습관이 너무 근사하게 느껴졌고, 매일 조금이라도 영어 문장을 쓴다는 점이 만족스러웠다.

하지만 시간이 지날수록 이런저런 어려움이 나타

났다. 첫째, 하루가 매번 그렇게 다채롭지 않다는 점이었다. 특별한 이벤트가 있는 날도 있었지만, 대부분은 반복되는 일상이다 보니 내용이나 표현이 비슷비슷했다. 게다가 꾸준함이 부족한 탓에 매일같이 쓴다는 게 힘들었다. 바쁘거나, 피곤하거나, 친구와의 약속이 있다거나 하는 등의 이유로 '오늘만 쉬자'라는 변명이 늘어갔다. 그렇게 몇 달이 채 지나지 않아 영어 일기 쓰기는 아예 잊혔다.

그다음 찾은 방법이 책 번역하기였다. 통역 수업을 진행하는 교수님이 추천해주신 방법이었다. 책 하나를 처음부터 끝까지 번역하다 보면 영작 실력이 향상될 거라고 조언하셨다. 평소 읽고 싶던 책을 선택하면 책도 읽을 수 있고 영작도 공부할 수 있으니 이보다 좋은 방법이 또 있을까. 위시리스트에 있던 책을 한 권을 주문하여 번역을 시작했다. 하지만 처음 선택한 책부터 난관에 부딪쳤다. 우리말로 쓴 내용조차 이해하기 어려운 책이었다. 그런 내용을 다시 영어로 번역해봐도 무슨 말인지 파악도 안 되고, 나중에는 영작 자체를 포기하게 되었다.

그렇게 여러 책에 도전하다 보니 책을 선정하는 나만의 기준이 생겼다. 첫째, 철학서 같은 심오한 내용의 책은 피한다. 깊은 사고를 요구하는 책을 읽는 것은 교양을 쌓는 데 필요한 일이지만, 우리말로 읽어도 소화하기 힘든 내용을 번역한다는 것은 영작에 대한 동기와 흥미만 반감시킬 뿐이다. 둘째, 문학 작품은 피한다. 은유와 비유적 표현이 가득한 문학 작품은 문학적 감수성을 느낄 수 있지만, 섬세한 언어적 감각이 필요한 고난도의 작업이라 영작 연습으로는 효율성이 떨어진다. 내가 추천하는 것은 원서를 쉽게 구할 수 있는 번역서다. 영어 원서와 한국어판을 모두 사서, 한국어판을 보며 영작한 다음, 해당하는 원서 부분을 다시 읽는 것이다. 그렇게 함으로써 간접적인 교정 과정을 거칠 수 있다. 문장구조와 어휘의 쓰임 등 많은 팁을 얻을 수 있다.

특히 베스트셀러 작가의 문장은 읽기 쉽고 명료해 많은 도움이 된다. 영작 연습용으로 추천하는 작가는 존 맥스웰John C. Maxwell이다. 동기부여에 관한 다수의 베스트셀러를 보유한 그는 《존 맥스웰 리더십 불변의 법칙》, 《사람은 무엇으로 성장하는가》 등을 집필했다. 이 두 권을 포함한 다른 책들 역시 내용도 유익하고 문장도 명쾌하다.

책을 선택한 뒤에는 바로 영작 연습을 시작했다. 매일 번역해야 할 분량을 정해 미리 한글로 타이핑해두고, 한글 문장 아래에 영어 문장을 넣는 식이었다. 처음에는 분량을 반 페이지 정도로 정했는데, 난이도에 따라 영작하는 시간이 들쭉날쭉했다. 어떤 날은 반 페이지를 번역하는 데 거의 한 시간이 걸리기도 했고, 어떤 날은 20분도 채 안 돼 끝나기도 했다. 그래서 분량 대신 시간을 정해 영작하는 것으로 바꿨다. 분량이 얼마가 되든 20분이 지나면 영작을 마무리했다. 하루 20분이니 시간도 부담스럽지 않았다. 여기서 또 하나, 집중력을 높이기 위해 타이머를 사용했다. 영작 훈련의 관건은 꾸준함과 집중력을 관리하는 데 있다.

영작 경험이 쌓이다 보니 같은 시간 동안 영작하는 양이 늘어나고, 자연스럽게 영작 실력이 얼마나 성장했는지 직관적으로 확인할 수 있었다. 분량이 늘어나는 것은 그만큼 유창성과 정확성이 높아진다는 의미이기도 했다. 영작을 마치고 나면 해당 분량만큼 원서 내용을 확인하는 과정도 빠트리지 않았다.

—— 영작 러닝메이트

영어 일기를 쓰던 때와 같은 불상사를 반복하지 않기 위해 이번에는 영작 공부를 함께할 친구를 구했다. 강제성이 필요했기에 매일 영작한 내용을 메일로 주고

받았다. 기한은 매일 밤 12시. 메일로 발송했기 때문에 마감 관리도 수월했다. 게다가 약속을 어기는 사람은 벌금을 내기로 했다. 벌금은 살짝 부담스러울 정도로 정했다. 벌금이 너무 적으면 '오늘은 그냥 벌금으로 때울까?' 같은 마음이 들 수도 있기 때문이다.

처음에는 두세 문장 쓰기도 버거웠다. 이 정도로 연습해서 영작 실력에 도움이 될까 하는 의구심이 들기도 했고, 하루 20분으로 이 책을 언제 다 번역할 수 있을지 막막하기도 했다. 온갖 회의감이 밀려오던 순간, 곁에서 공감해주는 친구가 있어 견딜 수 있었다. 위기의 순간은 있었지만, 그만둔 적은 없었다. 그렇게 대학교 2학년에 시작한 루틴은 졸업할 때까지 이어졌다. 과연 하루 20분으로 몇 권의 책을 번역했을까? 총 8권이다. 물론 책마다 쪽수도 다르고 권수가 중요한 것도 아니다. 하지만 작은 루틴이라도 꾸준히 쌓으면 멋진 결과물로 돌아온다는 걸 경험했다는 것 자체가 큰 자산이었다.

매일 콩에 물을 주면 어느새 콩나물이 길쭉 자라 있듯 우리의 영어 실력도 매일 작은 훈련을 쌓다 보면 어느 날 불쑥 자라 있을 것이다.

안정된 글쓰기 아웃풋을 완성하는 단계별 영작 훈련

'한국말은 끝까지 들어봐야 한다'라는 말을 들은 적이 있을 것이다. 한국인은 하고 싶은 말을 끝까지 아꼈다가 하는 것이 더 예의가 있다고 생각한다. 영어는 완전 반대다. 하고자 하는 말을 먼저 제시하고, 그 후에 타당한 이유를 제시하는 것이 좋다고 여긴다. 영어를 구사하는 건 단순히 문법적 이해뿐만 아니라 그 문화의 사고방식까지 익혀야 하기 때문에 쉽지 않은 일이다.

나도 여러 시행착오를 겪으며 거의 모든 방법을 동원해 영어 글쓰기를 익혔고 그 결과, 만족할 만한 결과를 얻을 수 있었다. 토익 라이팅에서는 만점을 받았고, 임용 시험에서 2차로 치러지는 '영어 논술'에서 고득점을 얻었다. 여기에서는 영작 실력을 키우는 데 효과적이었던 방법을 골라 단계별로 소개하고자 한다.

처음에는 인터넷에서 '영어 에세이 주제'를 검색해 50개 정도 리스트를 정리한 후 일주일에 2개씩 꾸준히 써나갔다. 글쓰기 자체가 막막한 일인데 하물며 영어로 쓰는 건 말할 것도 없다. 그래서 주제를 미리 정해 생각의 흐름대로 글을 써보았다. 이 과정을 한 달 정도 반복하니 글은 점점 길어졌고, 글 쓰는 데 걸리는 시간도 줄어들었다. 자주 쓰는 표현이 만들어졌고 나름의 글쓰기 패턴이 생기기 시작했다. 석 달 정도 이런 식으로 연습하고 나니 영어 글쓰기가 수월하게 느껴졌다.

영어로 글을 쓰는 것에 대한 두려움이 없어지자 글을 좀 더 잘 쓰고 싶어졌다. 좋은 표현을 많이 외워두고 사용하다 보면 나만의 문체가 만들어질 것이라고 생각했다. 길고 딱딱한 문어체보다 구어체가 외우기에 좋았다. 글쓰기에 적합한 무게 있고 잘 다듬어진 구어체, 즉 연설문이 '딱'이었다. 말로 전달되는 것인 만큼 문장의 호흡이 길지 않고, 다수를 대상으로 한 공식적인 스피치이기 때문에 정제된 명문을 접할 수 있다. 그뿐만 아니라 관객의 즉각적인 반응을 얻어야 하는 연설의 특성상, 연설문은 최고의 효율을 내야 한다. 가장 효과적으로 자신의 의도를 전달할 수 있는 단어를 골라 확실하게 메시

112

지를 전달할 수 있도록 최적의 문장을 구사한다.

연설문 전체를 외우기보다는 독자 혹은 청자로서 감명 깊은 문장, 영어 학습자로서 활용할 수 있을 법한 구문과 표현을 골랐다. 그리고 나의 상황에 맞게 문장을 변형해서 써보았다. 어느덧 문법에만 의지해서 글을 쓰던 습관에서 벗어나 다양한 구문들을 자연스럽게 활용하게 되었다.

—— 신문 영작하기

'번역 연습'도 좋은 글쓰기 연습이다. 우리가 흔히 영어로 글을 쓸 때는 머릿속에 한국어로 내용을 떠올린 후 이를 영어로 표현한다. 결과적으로 번역과 유사한 과정이라고 생각했다. 번역을 통해 얻고자 했던 건 '영어식 표현'이었다.

대학생 때 원어민 교수와의 면담에서 '금리를 동결하다'라는 표현이 생각이 나지 않아 'The central bank would make interest rate same like last year.'이라는 엄청난 콩글리시를 사용했었다. 문법적으로 크게 틀리지도 않고, 의미도 얼추 통했다. 하지만 내가 의도한 바가 정확히 전달된 것 같지 않았다. 그때 옆에 있던 친구가

'She means the central bank decided to freeze the interest rate.'라고 정정해주었다. 그제야 원어민 교수는 환하게 미소 지으며 답변을 이어갔다. 'freeze'라는 단어가 '동결하다'라고 쓰일 수 있다는 것이 놀라웠다. 분명히 아는 단어인데도 이를 적절하게 활용하지 못한 것이다.

친구에게 비결을 물었다. 그녀는 같은 주제의 한글 기사를 번역하며 적절한 표현을 영어 기사에서 찾아보면 알 수 있다고 했다. 금리와 관련된 영자 신문을 찾아보니 'freeze' 말고도 'leave interest rates untouched', 'keep the interest rate frozen' 등 다양한 표현이 쓰이는 걸 확인할 수 있었다. 콩글리시로 사용한 'make interest rate same like last year' 같은 표현은 어디서도 찾아볼 수 없었다. 이 경험을 통해 문법적 오류가 없다고 해서 정답은 아니라는 것을 알았다. 그 후 일주일에 3개씩 한글 기사를 영어로 번역하며, 관련 기사를 다룬 영자 신문을 찾아 '영어식' 표현을 따로 정리해두었다. 그러다 보니 내가 쓰지 않던 표현들이 차곡차곡 쌓여 표현력이 자연스럽게 확장되었다.

영작이 익숙해지면 다른 사람의 글을 보면서 표현력을 확장하는 경험이 꼭 필요하다. 어느 순간 자신이 쓸 수 있는 범위 안에서만 맴돌기 때문이다.

영어를 눈으로만 보고 직접 써보지 않으면 실력 향상에 필요한 시행착오를 겪을 수 없다. 나 역시 시행착오를 통해 안정된 아웃풋을 얻을 수 있었다. 단단한 글쓰기는 넘어지고 다치면서 만드는 것이다.

형식에 대한 감을 잡으면
글쓰기가 쉬워진다

영어 공부를 하는 사람들에게 물어보면, 가장 어려운 파트가 '쓰기'라고 한다. 말하기는 곧잘 하는 사람도, 영어로 글 쓰는 일은 어려워한다. 왜 그럴까? 어떤 언어든 글쓰기가 갖는 기본적인 속성 때문이다. 말을 그대로 옮겨 적는다고 해서 글이 되지 않는 것처럼 글은 목적에 맞는 형식을 갖추어야 한다. 게다가 잘못 내뱉은 말은 그 자리에서 바로 수정할 수 있지만, 이미 상대방에게 전달된 글은 수정하기 어렵다. 우리가 할 수 있는 최선은 정교한 연습을 통해 오류를 최소화하는 것이다. 영어의 특성을 알고, 효율적인 영어 글쓰기 방법을 익히면 분명히 효과를 볼 수 있다.

—— 비즈니스 메일을 주고받는 사람이라면

글에는 형식이 정해져 있다. 영어로 쓰는 비즈니스

메일의 경우에는 발신자 정보, 인사말, 본문 내용, 맺음말 및 인사말, 수신자 정보 등 순서가 정해져 있다. 형식에 맞춰 쓰는 글은 예문 수집을 통해 꾸준히 연습하면 글 쓰는 방법을 충분히 익힐 수 있다. 각 부분에 맞는 표현이 어느 정도 정해져 있기 때문에 자료를 참고해서 쓰거나 어휘를 바꾸는 정도로 활용하면 된다.

비즈니스 메일을 자주 주고받는 사람이라면, 상대방이 보낸 내용만 잘 숙지해도 답변할 때 어려움이 없을 것이다. 상대가 쓴 글에 있는 어휘나 문장을 잘 활용하면 시간과 노력을 덜 들이고도 비즈니스 메일을 작성할 수 있다. 비즈니스 메일도 목적이나 업무 성격에 따라 달라질 수 있기 때문에 자세히 알아둘수록 좋다. 또한 토익 시험 독해 파트에 있는 지문으로 예문을 만들어볼 수도 있다.

예문

⇒ Please refer to the attached **flowchart,** which describes the division of responsibilities among the various leadership positions.

첨부된 순서도를 참조해주세요. 여러 중요한 직책들 사이에 책임 분담을 설명하고 있습니다.

활용 ①

⇒ Please refer to the attached **job description,** which states the position you applied for.

첨부된 직무 상세 사항을 참조해주세요. 당신이 지원한 직위에 대한 것입니다.

활용 ②

⇒ Please kindly refer to the attached **final invoice,** which includes the new products you ordered.

첨부된 최종 송장을 잘 참조해주세요. 당신이 주문한 새 제품이 포함되어 있습니다.

메일뿐만 아니라 공문이나 안내문도 좋은 소스다. 기본적인 형식에 맞게 여러 문장을 수집해서 나만의 문장을 만들어두면 백지상태로 시작하는 것보다 훨씬 부담이 덜하다. 많이 씹어 먹어보고 소화해서 내 것으로 만들어보자. 무엇보다 중요한 것은 결국 아웃풋 훈련이다.

—— 아카데믹 에세이

아카데믹 글쓰기에도 형식이라는 게 정해져 있다. 하지만 자신이 쓸 주제를 가지고 본문 내용을 채울 때는 비즈니스 메일처럼 정해진 틀이 없고, 항상 같은 내용으로 쓰는 게 아니므로 쉽지만은 않다. 영어 초보일수록 본문 내용을 어떻게 채울지 막막할 것이다. 한 문장 만드는 것도 어렵다면 영작보다는 문법 공부가 선행되어야 한다. 짧은 문장이라도 영작을 할 수 있다면 책을 읽으며 'paraphrasing'을 훈련해보자. 'paraphrasing'은 쉬운 말로 바꿔서 표현한다는 의미다. 영어 문장을 재구성하는 방법은 아카데믹 글쓰기 연습용으로는 최고의 방법이다. 다음의 6가지 방법을 통해 자세히 알아보자.

1. 한 문단에서 같은 어휘를 여러 번 쓰는 것을 최소화한다.

2. 구어체보다 문어체에 쓰이는 고급 어휘를 사용한다.

3. 주어는 사람이 아닌 명사나 명사화된 표현을 사용한다.

4. 내용이 반복되면 다른 문장구조를 활용한다.

5. 대명사, 관계사 등 '대신 받는 표현'을 활용한다.

6. 의미는 같게 하되 내가 쓸 수 있는 쉬운 표현으로 바꾼다.

One of the most common mistakes made by organizations when they first consider experimenting with social media is that they focus too much on social media tools and platforms and not enough on their business objectives. The reality of success in the social web for businesses is that creating a social media program begins not with insight into the latest social media tools and channels but with a thorough understanding of the organization's own **goals** and **objectives**. A social media program is not merely the fulfillment of a vague need to manage a "presence" on popular social networks because "everyone else is doing it." "**Being in social media**" serves no purpose in and of itself. In order to serve any purpose at all, a social media presence must either solve a problem for the organization and its customers or result in an improvement of some sort (preferably a measurable one). In all things, purpose drives success. The world of social media is no different.

* 출처: 2022학년도 수능 20번 문항 지문.

위 예문에서 'objective'라는 단어는 'goal'로 바꿔 반복을 피했다. 첫 문장 'One of the most common mistakes made by organizations'에서도 주체를 사물로 두었고, 중간에 쓰인 'Being in social media'라는 주어도 동사를 명사화한 동명사 형태로 문어체 스타일을 구사했다.

문장구조도 비슷한 형태를 반복하지 않고, 다른 표현으로 바꾸었다.

In order to serve any purpose at all, a social media presence must either solve a problem for the organization and its customers or result in an improvement of some sort (preferably a measurable one).

이 문장을 다음의 문장구조와 비교해보자.

In order to serve any purpose at all, a social media presence must solve a problem for the organization and its customers. And a social media presence must result in an improvement of some sort (preferably a measurable one).

이렇게 한 가지 구조로 이루어진 글은 잘 썼다고 보기 어렵기 때문에 전자의 문장처럼 'either A or B' 구조로 바꾼 것이다. 아카데믹한 글을 잘 쓰기 위해서는 한 문장 안에서 대명사, 관계사, 접속사 등을 활용하여 부연 설명하는 방식으로 이어나가는 훈련을 해야 한다.

마지막으로, 형식에 맞는 글을 쓰는 것도 중요하지만 무엇보다 표현하고 싶은 내용을 효과적으로 전달할 수 있느냐 하는 것도 중요하다. 결국 영어 글쓰기는 하나로 해결된다. 내가 구사할 수 있는 표현을 최대한 수집하여 활용하되, 의미가 틀리지 않도록 주의하며 올바른 문장을 쓰는 것. 그러기 위해서는 기초 문법을 익히고, 자신에게 필요한 분야의 책을 읽으며 어떤 어휘가 쓰였는지, 어떤 문장구조가 자주 쓰이는지 살펴보며 실력을 키워야 한다. 아직 자신이 쓸 수 있는 문장이 많지 않다면, 이 방식을 이용해서 무기를 하나씩 만들어나가

야 한다. 그러면 언젠가는 다채로운 문장을 자유자재로
쓰는 자신을 발견하게 될 것이다.

패턴만 열심히 외우면
뭐해?

"Who is your bias?"

'bias'의 사전적인 의미는 편견 또는 성향으로, 어떤 것에 마음이 쏠린다는 뜻이다. K-pop에서 이 단어는 '최애' 멤버를 의미한다. BTS를 좋아하는 사람이라면 누가 말려도 BTS 영상을 찾아보는 것처럼, 흥미는 '지속성'에서 매우 중요한 요소다. 그렇다면 당신 일상의 최애는 무엇인가?

미니멀리즘에 관심이 많은 사람이라면 미국 예능 〈타이니 하우스〉와 같은 소박한 삶에 관한 콘텐츠에도 흥미가 생길 것이다. OTT에서 관련 콘텐츠를 찾다 보면 나중에는 영어 책 읽기로도 확장할 수 있다. 미니멀리즘을 구글에서 검색하면 이를 실천하는 사람들의 블로그도 발견할 수 있다. 블로그에서 그들의 생생한 감정이나 생각을 느낄 수도 있고, 그들의 철학을 담은 문장

중 내 마음에 콕 박히는 표현을 만날 수도 있다. 해당 블로그 글에 메일링 서비스를 신청하면 일주일마다 혹은 월마다 구독할 수도 있다.

관심 있는 분야의 정보를 찾을 수 있는 소스는 다양하다. 넷플릭스 같은 OTT, 영화, EBS 영어 방송, 영어 학습 애플리케이션, 영어 관련 서적을 발간하는 출판사의 메일링 서비스 등 정보는 넘쳐난다.

그래도 자신이 무엇을 좋아하는지 잘 모른다면, 영어 회화 애플리케이션 'Cake'를 추천한다. 유료 가입을 하지 않아도 흥미 있을 만한 주제에 대해 주기적으로 알림을 해준다. 콘텐츠를 보다 보면 재미있는 분야를 찾게 될 수도 있고, 따라 해보고 싶은 영어 롤모델도 발견할 수 있다.

—— 나를 표현하는 영어

관심사를 찾은 후에는 '나만의 문장'을 수집해보자. 일상에서 꾸준히 영어에 노출될 수 있도록 콘텐츠를 정했다면 나에게 필요한 표현을 수집해보는 것이다. 그리고 여기서 끝이 아니다. 나만의 문장이나 표현으로 바꿔보는 것이 중요하다. 예를 들어 자신을 소개하는 표현으로 'I'm a cat person.'이라는 문장을 발견했다고 가정해보자. 이 표현은 고양이를 좋아하는 사람이라는 의미다. 그렇다면 'I'm a _____ person.'이라는 문장구조에 내가 좋아하는 것을 표현해보는 것이다. 요리를 좋아하는 사람이라면 'I'm a cooking person.', 요리를 썩 잘하지 못한다면 'I'm not a cooking person.'이라고 표현해보자. 사람들과 어울리기를 좋아한다면 'I'm a people person.' 또는 'I like hanging out with people.'이라고 말할 수 있다. 다음과 같은 문장은 어떠한가. 'Thanks for sending out that package. It saved me a trip to the post office(그 소포를 보내주셔서 고마워요. 덕분에 우체국에 갈 필요가 없어졌어요).' 앞 문장에 등장한 'save'는 우리가 흔히 아는 의미(구하다, 저축하다)로 쓰이지 않았다. 여기서는 '수고를 덜어주다'의 의미로 확장되었다. 'save'의 의미를 이해하는 수준에서 멈추지 말고 나의 문장으로 만들어 커피를 사다 준 동료에게 하고 싶은 말로 바꾼다면 어떨까. 'Thanks for buying me coffee. It saved me a trip to the cafe(커피 고마워요. 덕분에 카페에 갈 필요가 없어졌어요).'

영어를 잘하고 싶은 사람 중에 영어 회화 교재를 안 사본 이는 없을 것이다. 책에 나온 표현을 아무리 열심히 외워도, 정작 원어민과의 대화는 어땠는가? 유창하게 한

두 문장 말하고 나면 대화가 더 이어지지 않은 경우가 많았을 것이다. 나를 드러내는 혹은 내 생각을 표현하는 연습이 충분하지 않았기 때문이다. 영어 교재에 적힌 표현만 달달 외우려고 하지 말고, 그 패턴을 사용해 내가 하고 싶은 말은 무엇인지 고민하는 과정이 필요하다.

우리에게 필요한 건 나를 표현하는 연습이다. 평소 내가 전하고 싶은 생각, 가치관을 담은 문장을 일상에서 수집하고, 남의 언어에 머물지 말고 이를 재료로 나의 언어로 바꿔보는 연습을 해보자. 그렇게 모은 문장을 노트에 차곡차곡 쌓거나, SNS에 적어보는 것도 좋은 방법이다.

· Part 3 ·

Only I can change my life. No one can do it for me.
오직 나만이 내 인생을 바꿀 수 있다. 아무도 날 대신해주지 못한다.

캐롤 버넷 Carol Burnett

고수들의
영어 공부 Kick!

영어 공부도 '자기만의 무기'가 있어야 한다

씹어먹을 콘텐츠를
찾아라

*(*Content*)*

콘텐츠

영어의 4가지 영역을 커버하는
최적의 자료, 영자 신문

요즘은 온·오프라인에서 외국인을 만나거나 대화할 기회가 많다. 그런데 외국인과 대화하다 보면 영어를 못해서가 아니라, 무슨 말을 해야 할지 몰라서 대화가 끊어지는 경우도 흔하다. 처음 만난 한국인과도 어색한데 하물며 외국인이라면 어떻겠는가. 스몰 토크도 관계를 쌓는 데 필요한 기술이다. 우리 주변에서 일어나는 이슈로 가볍게 이야기를 시작해보자. 최근 이슈에 관심을 갖고 관련 표현을 익히다 보면 좋은 대화 소재를 얻을 수 있을 뿐만 아니라, 자연스럽게 영어 실력도 향상된다. 여기에 최적화된 학습 자료가 바로 영자 신문이다.

신문은 최근 일어난 사건이나 이슈를 다루기 때문에 시의성 있는 글이다. 그만큼 많은 사람이 해당 주제에 관해 알고 있을 확률이 크다. 충분한 검수를 거쳐 발행되기 때문에 정제된 문장을 접할 수 있다. 대중을 대상으로 하는 글인 만큼 어려운 전문용어도 등장하지 않는다. 매일 일정한 시간에 업데이트되기 때문에 학습 계획을 세우는 데 효율적이다.

분량도 적당하다. 영자 신문은 길어야 A4 용지 2매 정도의 글로, 조금만 집중하면 1시간 이내로 읽어낼 수 있다. 너무 긴 글은 중간에 포기할 가능성이 크다. 영어 원서를 사두고도 앞 페이지를 읽다가 금세 포기해본 경험이 있다면 누구나 공감할 것이다.

영자 신문 학습이 처음이라면 한국에서 발행된 영자 신문을 추천한다. 주로 한국에서 일어난 일을 다루고 있기 때문에 한결 편하게 접근할 수 있다. 그뿐만 아니라 국내에 거주하거나 한국에 관심이 많은 외국인과 대화할 때도 도움을 얻을 수 있다.

또한 시사 주간지보다는 신문을 추천한다. 의욕이 앞서 바로 구독 신청을 하기보다는 영자 신문사 웹사이트에서 관심 있는 기사를 하나씩 공부하기를 권한다. 구독한 신문이 밀리게 되면 심리적 압박을 받을 수도 있다.

관심 있는 기사를 찾아서 읽어보고 내용이 어렵다면 관련 한글 기사를 검색해보자. 배경지식을 수집한 후 다시 읽어보면 '이건 영어로 이렇게 표현하는구나' 하고 감을 잡을 수 있어 한결 수월하다.

코리아헤럴드는 일부 기사들을 영어로 읽어주고 한글로 해석해주는 팟캐스트를 제공하고, 코리아중앙데일리도 웹사이트의 영어 학습 코너에서 영문 기사 음성 지원 및 한국어 번역을 제공하고 있어 영어 학습에 도움을 받을 수 있다. 그래도 종이 신문을 구독한다면 공부한 기사는 오려서 따로 모아두는 걸 추천한다. 이렇게 모아두면 나중에 복습하기도 좋고, 학습 결과가 눈에 보이기 때문에 학습 성취욕도 올라간다.

영어로 대화할 때 상대방의 영어를 알아듣는 것과 내가 하고 싶은 말을 영어로 표현하는 것이 핵심인데, 영자 신문 학습은 후자에 많은 도움이 된다. 예를 들어, 부동산에 관심이 있다면 부동산 관련 기사를 찾아 읽으며 관련 단어 및 표현을 익힌다. 기사를 눈으로만 공부하지 말고 해당 기사를 꼭 입으로 낭독해보는 것이 중요하다.

무엇보다 나의 현재 레벨을 고려해서 알맞은 수준의 영자 신문을 고르자. 너무 어렵다고 여겨지는 기사는 내용 파악도 쉽지 않고 학습 의욕도 떨어진다.

〈NE times〉 www.netimes.co.kr

NE능률 출판사에서 만든 교육용 영자 신문이다. 학습
자 레벨에 따라서 Kinder, Kids, Junior, 성인을 대상으
로 한 NE times로 나누어 기사를 제공한다.

〈헤럴드 영자 신문〉 www.juniorherald.co.kr

어린이 교육용 신문으로, 너무 쉬울 것이라는 선입견을
갖지 말고 성인 영어 학습자들도 적극 활용해보길 권한
다. 영어 학습자들의 수준을 고려한 다양한 기사가 있어
자기 실력에 맞는 기사를 읽을 수 있다.

〈CNN〉 https://edition.cnn.com

미국식 영어를 사용하고 주로 초급 어휘로 이루어져 있
어 입문자가 활용하기에 적절하다.

〈AP〉 https://apnews.com

메일링을 신청하면 매일 주요 뉴스를 메일로 받을 수
있다.

〈뉴욕타임스〉 www.nytimes.com (유료)

미국식 영어를 사용하며 주로 중급 어휘를 사용한다.

〈이코노미스트〉 www.economist.com (유료)

영국식 영어를 사용하며 주간지 형태로, 중·고급 어휘를 사용한다.

—— 영자 신문 활용법

익히 알던 단어나 표현도 입에 익지 않으면 막상 떠오르지 않을 때가 많다. 낭독 서비스가 제공되는 기사는 영어 말하기에 자신감을 높일 수 있어 강력히 추천한다. 섀도잉을 하면 연음과 끊어 읽기, 강세에 익숙해질 수 있다. 섀도잉 과정을 녹음한 후 다시 들어보면서 강세를 잘 살려서 읽고 있는지, 어떤 발음이 잘 안 되는지 등을 확인한다. 일주일에 2~3개씩이라도 꾸준히 하다 보면 몇 달 후 영자 신문 읽기뿐만 아니라 영어 듣기, 말하기에도 효과를 볼 수 있다. 특히, 외신 뉴스는 속도가 빨라 알아듣기 힘든데, 영어 기사를 보고 들으며 영어 표현을 공부하고 입으로 소리 내어 읽다 보면 어느새 알아듣는 부분이 점점 늘어날 것이다.

한 발 더 나아가 영어 작문에도 욕심을 내볼 수 있다. 영어 문장을 스스로 만들기 부담스럽다면 공부한 기사 중 하나를 골라 입으로 따라 읽으며 필사해보자. 신문 기사는 논리적인 구성과 정제된 문장을 제공하기 때문에 영작문 연습에 더할 나위 없이 좋은 교재이다. 필사하다 보면 영어의 문단과 문장구조에 자연스럽게 익숙해진다. 어느 정도 자신감이 붙으면, 영문 기사의 핵심만 요약해본다. 요약이 어렵다면 서론, 본론, 결론에서 핵심 문장 하나씩을 간추려서 써보는 것부터 시작해보자.

신문 기사를 읽는 도중 모르는 단어를 발견하면 어떻게 해야 할까? 단어와 뜻을 1:1로 정리하는 것은 추천하지 않는다. 문장 전체를 옮겨 적고 단어가 어떻게 사용되는지를 살펴봐야 한다. 그래야 새로 접한 단어를 다른 문장과 표현에서도 응용할 수 있다. 접근성이 쉬운 네이버 단어장을 적극 활용해보자. 모르는 단어를 검색한 후 나만의 단어장에 저장해두면 자투리 시간을 활용해서 틈틈이 외우기 편리하다.

영자 신문 하나로 듣기, 말하기, 읽기, 쓰기 실력을 균형 있게 향상시킬 수 있으니 영어 공부의 재료를 아직 발견하지 못했다면 꼭 한번 시도해보길 바란다. 당장은 큰 효과를 느끼지 못하더라도 조금씩 꾸준히 해나가다 보면 영자 신문을 한글 신문만큼 부담 없이 읽을 수 있게 된다. 비행기 탈 때 영자 신문을 자연스럽게 집어 드는 자신의 모습을 그려보며, Go for it!

1. 관심 있는 주제를 골라 처음부터 끝까지 듣는다. 모르는 단어 및 표현은 체크한다. (네이버 영어사전에 자동 저장)

2. 처음으로 돌아가 한 줄씩 끊어 듣고, 따라 읽으며 해석해 본다. 활용할 만한 문장은 영작 연습을 위해 따로 기록한다.

3. 기사를 충분히 이해한 뒤 기사를 보지 않고 귀에만 의지한 채 듣는다.

4. 섀도잉 과정을 녹음해 들어보며 취약점을 개선한다.

5. Comprehension Question을 만든 다음, 그 질문에 답을 적어본다.

팝송 하나쯤
외워봤니?

'수능 금지곡'이라는 말을 한 번쯤 들어본 적이 있을 것이다. 머릿속에 한번 들어오면 수능 시험 같은 중요한 순간까지도 방해가 되는 무시무시한 곡이다. 누구나 자기도 모르게 노래 하나가 머릿속에서 계속 재생되는 경험을 해보았을 것이다. 이러한 효과를 노려 대중음악 작곡가는 짧은 후렴구와 반복된 가사로 중독성 있는 노래를 만들어 듣는 이의 마음을 사로잡는다. 칸다 외국어대학의 팀 머피 교수Tim Murphey는 머릿속에서 같은 노래가 반복 재생되는 현상을 'The Song Stuck in My Head Phenomenon'이라고 설명한 바 있다. 음악과 노래는 오랫동안 기억할 수 있는 머릿속 저장 창고인 장기 기억장치에 더 오래 남고, 무의식적으로 재생되기도 하므로 이를 의식적으로 활용하면 언어 교육의 강력한 도구로 사용할 수 있다.

음악이 가지는 힘과 더불어 팝송은 영어 교육 자료로 사용되기에 적합한 요소들을 가지고 있다. 팝송은 단어들이 뭉쳐져 하나의 뜻을 이루는 '말뭉치chunk'가 제공되므로 리듬, 강세, 억양 등을 익히기에 적합하다. 또한 영어의 리듬, 강세, 억양이 음악의 멜로디와 리듬을 통해 자연스럽게 전달되며, 가사를 통해 실생활에서 자주 사용되는 생생한 어휘를 익힐 수 있다는 장점이 있다.

그런데 왜 사람들은 팝송으로 영어 공부하기를 어려워할까? 영어 가사를 봐도 온전히 이해하기 어렵거나 박자감이 실린 발음을 정확히 캐치하기 어렵기 때문이다. 한국 노래조차 가사를 정확히 듣기 힘들었던 경험이 있지 않은가. 하지만 팝송은 제대로 활용할 줄만 안다면 영어 학습에 큰 효과를 얻을 수 있는 재료다. 가사도 우리에게 친숙한 표현으로 이루어져 있다. 쉬운 팝송의 경우 대부분 300~500개의 단어로 구성되어 있으며, 이는 초보자도 충분히 공부할 수 있는 수준이다.

그렇다면 어떤 팝송으로 영어 공부를 하면 좋을까? 가장 추천하는 것은 디즈니 OST다. 아이들을 대상으로 제작된 콘텐츠이기 때문에 가사가 교육적이고 정확하며 단순하다. 영화를 함께 시청한다면 상황을 더욱 잘 이해하고 신나게 음악을 즐길 수 있다. 아이들을 대상으로 한 영화라고 해서 노랫말까지 유치한 것은 아니다. 가장 인기 있었던 곡 〈Let It Go〉만 보더라도 'Let+주어+동사'의 형식으로, 실생활에서 자주 쓰이지만 한국인들이 어려워하는 표현으로 충분히 공부할 가치가 있다. 가장 좋아하는 영화의 OST를 공부한다면 즐거운 마음으로 영어를 접할 수 있을 것이다.

〈Lucky〉와 〈I'm Yours〉 등으로 유명한 제이슨 므라즈Jason Mraz의 곡 역시 따뜻한 가사와 의미 있는 주제를 담고 있다. 대체로 템포도 빠르지 않고 우리에게 친숙한 곡이 많아서 처음 영어 공부를 할 때 선택하기에 적합하다. 브루노 마스Bruno Mars의 곡은 신나는 멜로디와 경쾌한 리듬으로 흥겹게 영어 공부를 하고 싶을 때 선택하면 좋다. 특히 자존감을 올려주는 노래인 〈Just The Way You Are〉과 친구의 소중함에 대해 노래한 〈Count On Me〉는 공부를 하면서 기분까지 좋아지게 만든다.

돈보다 소중한 가치에 대해 논하는 제시 제이Jessie J의 〈Price Tag〉나 어릴 때의 아름다운 사랑과 기억을 추억하는 앤 마리Anne-Marie의 〈2002〉, 조금만 더 힘을 내자는 메시지를 전하는 찰리 푸스Charlie Puth의 〈Left Right Left〉, 힘들면 언제든 달려오겠다고 말해주는 〈One Call Away〉도 영어 공부는 물론, 마음까지 따뜻하게 해주는 곡들이다. 크리스마스만 되면 돌아오는 머라이어 캐리Mariah Carey의 〈All I Want For Christmas Is You〉와 아리아나 그란데Ariana Grande의 〈Santa Tell Me〉도 단어가 어렵지 않으면서 우리에게 친숙한 곡이기에 부담 없이 영어 공부를 할 수 있다.

먼저 원하는 곡 하나를 선정하고 가볍게 듣는다. 익숙한 몇몇 단어는 들릴 수도 있고, 그렇지 않더라도 즐기는 마음으로 노래를 들어본다. 다음으로 가사를 찾아본다. 해석 없이 가사를 읽어보고 어떤 내용인지 큰 틀에서 이해한다. 가사가 이해되지 않더라도 음악에서는 함축적 의미 표현을 위해 문법적으로 완벽하지 않은 문장들도 있으니 주제를 파악하는 차원에서 살펴본다. 전체적으로 이해했다면 가사를 한 줄씩 자세히 해석한다. 관용어구가 자주 사용되므로 문장이 잘 해석되지 않는다면 뜻을 찾아보고 해당 문장이 사용된 예시를 찾아 읽어보며 문맥을 이해한다.

마지막으로 관용어와 단어를 정리하고 처음부터 끝까지 나만의 한국어 버전으로 가사를 만들어본다. 여기가 제일 중요하다. 가사의 의미를 제대로 해석했는지, 더불어 곡의 전체적인 분위기를 이해했는지를 함께 확인할 수 있다. 한국어 버전의 가사를 만들다 보면 욕심이 생겨 박자에 맞게 한글을 수정하고 운율을 넣어보기도 하는 자신을 발견할 수 있다.

가사까지 완벽하게 숙지했다면 이제 즐길 차례다. 처음에는 가사를 보고 혼자서 박자와 상관없이 따라 읽어본다. 눈으로 보는 것과 소리 내어 따라 해보는 것은 큰 차이가 있으므로 꼭 소리 내 읽는다. 그러고 나서 곡을 큰 덩이인 A, B, 후렴으로 나누고 한 덩이씩 잘라서 따라 불러본다.

처음에는 0.8배속으로 시작해 1배속으로 속도를 올리며 불러보는 것을 추천한다. 다음으로는 A, B, 후렴 파트를 모두 이어서 부른다. 1절을 따라 부르기만 해도 뿌듯한 느낌을 받을 수 있다. 같은 방법으로 2절과 브릿지까지 부르면 전 파트를 부를 수 있게 된다.

여기서 더 즐겁게 즐기는 방법이 있다. 바로 운율rhyme을 찾아 가사에 강세를 주는 것이다. 팝송 가사는 시처럼 운율이 있는데, 그 부분이 포인트다. 운율에 포인트를 주고 다른 부분은 흘러가듯 부드럽게 따라 부르면 곡에 생기를 불어넣을 수 있다. 또 노래의 강약을 살리고 감정을 실어 부르다 보면 노래 부르는 것 자체가 즐거워 영어 문장을 몇 번이고 소리 내어 말하게 된다.

마음에 드는 곡 하나를 골라 음악 자체를 즐기며

142

영어를 공부한다면 내가 좋아하는 곡을 신나게 따라 부를 수도 있고, 교과서 밖의 생생한 표현을 익힐 수도 있다. 팝송이 당신의 삶에 자연스럽게 녹아든다면 영어 공부가 더는 지루하지 않고 신나게 느껴질 것이다.

미드를 공부하는
8단계 노하우

'미국 드라마로 영어 공부하기'는 지금까지도 많은 학습자가 선호하는 고전적인 학습법이다. 미국 시트콤 〈프렌즈〉의 열풍은 누구나 한 번쯤 들어본 적 있을 것이다. BTS 멤버, RM도 어머니가 사준 〈프렌즈〉DVD를 보면서 영어 공부를 했다고 밝히기도 했다.

나 역시 미드로 한창 공부하던 시절, 웃지 못할 에피소드를 겪은 적이 있다. 미국 시애틀로 해외 출장을 갔을 때 일이다. 그간 미드로 쌓은 영어 실력을 마음껏 써볼 수 있다는 생각에 기대감으로 한껏 부풀어 있었다. 열심히 익힌 표현은 비슷한 상황이 나오면 최대한 써보리라 다짐했다. 처음에는 대화가 잘되는 듯했다. 그렇게 며칠이 흘렀고 어느 날, 홈스테이 주인아주머니가 물었다.

"영어 어디서 배웠어요?"

"미국 드라마 보면서 배웠어요."

외국어를 열심히 공부한 사람들이 그러하듯 다소 식상하지만, 뻔한 대답을 멋들어지게 했다. 영어 공부법을 물어보는 걸 보니, 역시 내가 열심히 했구나 싶어 뿌듯했다.

"영어가 조금 무서워요. 드라마 장면 같기도 하고."

전혀 예상하지 못했던 반응이었다. 내가 공부했던 드라마는 바로 〈프리즌 브레이크〉였다. 아차차! 그토록 열심히 모방한 배역은 바로 탈옥수였다. 미드 덕후가 되면 영어는 자연스럽게 잘할 수 있다고 누가 그랬나. 범죄자에 몰입해 열심히 공부한 게 비록 우스워졌지만, 그 후 미드를 선정하는 데 뼈가 되는 교훈이 되었다.

—— 단계별 미드 공부법

1. 하나의 에피소드를 정한다. 무자막으로 시청한다.

2. 한영 통합 자막 또는 영어 자막을 틀어놓고 시청한다.

3. 대본을 구해 미드를 보면서 문장 하나하나 체크한다.

4. 어려운 표현이나 맥락은 따로 공부한다.

5. 영어 자막만 틀어놓고 다시 시청한다.

6. 무자막으로 시청한다.

7. 배역을 정해서 상대방 대사에 대본을 보면서 대답해본다.

8. 출퇴근, 자투리 시간에 반복해서 무자막으로 시청한다.

1단계에서는 전체적인 스토리를 파악하는 데 주력한다. 세부적인 표현에 얽매이지 말고, 전반적인 흐름만 가볍게 파악하면 된다. 자막의 도움 없이 끝까지 영상을 봤다면 고구마 100개쯤 먹은 느낌이 들 것이다. 2단계에서 이해가 안 되는 부분은 한국어 자막으로 보충하고, 맥락이 파악되는 부분은 영어 자막을 보면서 진행한다. 내 영어의 구멍을 메울 수 있는 단계이다.

3~4단계는 모르는 단어나 문법적으로 부족한 부분을 집중적으로 공부하는 구간이다. 5단계에 들어오면 전체적인 맥락을 파악하면서도 한결 더 편안하게 세부적인 것까지 감상할 수 있게 된다.

6단계로 넘어가면 자막에 시선이 가지 않기 때문에 연기, 음악 등을 좀 더 디테일하고 생생하게 받아들일 수 있다.

7단계는 선택 사항이다. 하지만 미드도 우리의 실생활은 아니기 때문에 실전같이 시뮬레이션하는 것이 필요하다고 생각한다. 상대가 없더라도 출연하는 상대 배역의 대사를 듣고 화면을 정지한 후, 대본을 보면서

146

대답해보는 것도 큰 도움이 된다. 익숙한 부분에서는 대본을 최대한 보지 않고 대답해본다. 이렇게 역할극까지 소화했다면 마지막 8단계에서는 무자막으로 반복해서 완전 학습을 한다. 다음 에피소드로 넘어가서도 같은 요령으로 반복한다.

아울러 7~8단계에서는 대본을 낭독하며 휴대폰에 꼭 녹음해보기를 추천한다. 발음이나 억양이 틀리거나 어색한 부분이 없는지 좀 더 객관적으로 모니터링 할 수 있다. 부족한 부분이 있다면 대본에 형광펜으로 표시해보자. 배우가 말하는 것을 들으면서 실제로 어떻게 발음했는지 우리말로 유사하게 적고 강세에 표시한다.

이렇게 20개 정도로 이루어진 하나의 시즌을 소화한다고 생각해보자. 과연 이것이 몇 달 안에 이루어질 수 있을까? 몇 달 안에 이루어졌다고 한들 완전 학습이 이루어진 것일까? 최소 1년은 잡아야 하는, 길고도 정직한 학습이어야 한다. 시즌 하나를 빨리 다 본다고 실력이 느는 것이 아니다. 얼마나 다양한 각도로 드라마를 소화하느냐가 중요하다. 진도에 민감한 한국인들은 빨리 완주하려는 성향이 강하다. 하지만 매 에피소드를 단계적으로 끊어서 완전 학습을 하는 것이 더 좋다. 시즌 하나를 끝냈다는 '결과의 완벽'은 언어 학습에 있어 크

게 중요하지 않다. 과정을 충실히 이행한 '과정의 완벽'
이 훨씬 더 도움이 된다.

—— 미드 공부에 날개를 달아주는 크롬 확장 프로그램

넷플릭스, 디즈니 등 OTT 서비스를 이용하는 것
도 좋은 방법이다. 특히 넷플릭스에는 영어권 영화나 드
라마가 풍부해 자신의 취향에 맞는 영상을 찾아 공부할
수 있다. 그뿐만 아니라 크롬 브라우저의 확장 프로그램
을 활용하여 영어 공부를 하는 데 최적화되어 있어 적극
추천한다.

구글 검색창에 'Language Reactor'라고 검색하면
확장 프로그램을 설치할 수 있는 크롬 웹스토어를 찾을
수 있다. 해당 사이트에 들어가 'Chrome에 추가' 버튼
을 누르면 해당 사이트가 열리며 확장 프로그램 목록에
추가된다. 그리고 확장 프로그램 목록에서 Language
Reactor의 고정 여부를 체크할 수 있다. 고정하지 않아
도 넷플릭스상에서 이용하는 것은 무리가 없지만, 해당
사이트에 빠르게 접속하여 다른 기능을 사용하고 싶다
면 고정해두는 것을 추천한다.

화면 아랫부분에 한/영 동시 자막이 나오고, 오른
편에 스크립트가 나온다. 우측 하단에 있는 'AP'를 활성

화하면 매 대사마다 일시정지 기능을 사용할 수 있다. AP를 활성화한 후 대사를 섀도잉하면 일일이 멈출 필요가 없고 우측에 보이는 대사를 클릭하여 다시 들어볼 수도 있다. 설정 기능으로 단축키를 설정한 후, 이를 활용하면 몇 번이고 원하는 만큼 반복해서 들으며 섀도잉할 수 있어 효율적이다. 발음이나 속도 등을 확인하며 섀도잉할 수 있고 OTT 서비스 구독료 외에 추가 비용이 들지 않으므로 가격 면에서도 효율적이다. (단, Language Reactor의 추가 기능을 이용하고 싶을 경우에는 월 구독료가 청구된다.)

이전 대사나 이후 대사로 이동하고 싶거나 본 대사를 한 번 더 듣고 싶을 경우에는 왼편에 있는 키들을 누를 수도 있다(단축키로 대체 가능). 오른편에 있는 대사에서 모르는 단어가 나온 경우 해당 단어에 커서를 올리면 어떤 뜻인지 바로 안내되고 발음도 들을 수 있기 때문에 별도로 사전을 찾는 시간을 들이지 않아도 된다. 해당 단어가 활용된 추가 문장들도 제공되기 때문에 더욱 효과적인 학습이 가능하다.

마지막으로 오른쪽 메뉴에서 단어 탭에 들어가면 해당 회차에서 등장한 단어들이 레벨 1에서 레벨 8까지 분류되어 자신이 더 알아두어야 하는 레벨의 단어들을 한눈에 볼 수 있다. 단어들을 단어장에 저장해 활용하고 싶다면 Language Reactor에서 구독료를 지불하고 단어장 기능을 활성화하여 색깔별로 분류해 활용할 수 있다.

영어 학습에 왕도는 없지만, 정도는 있다고 한다. 미드 학습도 마찬가지이다. 우리의 영어 실력을 마법처럼 바꿔줄 미드는 세상에 없다. 하지만 실생활과 닮아 있는 미드를 완전 학습함으로써 영어 실력이 나아질 수는 있다. 그러니 결과의 완벽이 아닌 과정의 완벽을 따라가보자.

영어 애플리케이션으로
자투리 시간 활용하기

한 조사에 의하면 사람들은 하루 평균 2617번 핸드폰을 터치한다고 한다. 꽤 많은 횟수다. 게다가 하루 평균 핸드폰을 보는 시간은 무려 2시간 25분이라고 한다. 필요한 연락을 주고받거나 업무적으로 사용하는 것 외에도, 시간을 때우거나 대중교통을 타고 이동할 때도 핸드폰을 들여다볼 때가 많다. 이럴 때 애플리케이션을 이용해 재밌게 영어 공부를 시도해보는 건 어떨까?

애플리케이션 중에도 영어 공부를 돕는 유용한 앱이 있다. 앱을 활용해 영어 공부를 할 수 있는 가장 간단한 방법은 단어나 표현 익히기다.

1. 저절로 암기 영단어

핸드폰을 볼 때마다 단어가 뜬다면 어떨까? 일부러 시간을 내어 새로운 단어를 찾아보지 않아도 내가 설정한 단어 수준 내에서 어휘들을 제공하는 앱이다. 핸드폰 잠금 화면을 풀면 새로운 단어가 제공되며 내가 충분히 공부하고 다른 단어로 넘기기 전까지 반복해서 나타난다. 단어는 그림, 예문, 영상과 함께 제공되며 영상을 통해 해당 단어가 실제로 사용되는 문맥을 확인할 수 있다.

2. 암기고래

단어를 집중적으로 외우고 싶을 때 활용하면 좋은 앱이다. 다양한 단어장을 제공하며 어린이들이 한글 카드를 보며 외우듯 단어의 뜻과 그림을 번갈아 보여주는 단어 카드를 활용해 직관적으로 단어 암기를 돕는다. 매일 몇 개의 단어를 외울지 정하고 테스트를 하는 모드와 원하는 만큼 마음껏 외우는 모드를 선택할 수 있고, 다른 사용자가 만든 단어장을 외울 수도 있다.

3. 말해보카

AI의 도움을 받아 나에게 딱 맞는 단어 공부를 할 수도 있다. 간단한 레벨 테스트를 통해 나의 수준을 체크하고 단어를 제대로 발음하는지 확인할 수 있는 앱이다. 단어를 처음부터 제공하지 않고 예문 속 빈칸에 학습자가 채워넣도록 한다. 목표한 단어를 모두 돌아보았다면 틀렸던 단어들을 맞출 때까지 반복한다. 음성으로 입력한 경우 발음에 대한 피드백을 제공하며 다시 들어볼 수도 있다.

이번에는 문장을 공부할 차례다. 교과서에 나오는 딱딱한 표현과 달리 최근 애플리케이션이 제공하는 문장은 외국인들이 실제로 사용하는 생생한 것들이다. 책이 아닌 영상에서 문장을 가져오는 경우가 많은데, 단어나 표현을 문맥 속에서 이해할 수 있다는 점도 큰 장점이다.

—— 문장학습 추천 애플리케이션

1. Cake

커다란 케이크를 한 조각씩 잘라 먹듯이 1분 이내의 짧은 영상에서 한 가지 표현을 배우는 포맷이다. 영상을 재생하면 앞뒤 상황을 간단하게 보여주고 핵심이 되는 표현을 3번 반복하여 보여준다. 영상을 시청하고 나면 해당 표현을 녹음하여 발음에 대한 피드백도 받을 수 있다. '내가 망쳤어', '내 말이', '별일 없어'처럼 우리가 평소에 한국어로 자주 쓰지만 막상 영어로 말하기에 어려운 표현을 주로 다루고 있어 재미있게 학습할 수 있다. 완료하는 데 5분도 채 걸리지 않아 가벼운 마음으로 공부할 수 있다.

2. 플랭

역시 1분 이내의 짧은 영상을 통해 한 가지 표현을 학습하는 포맷이다. 'Cake'와 다른 점은 먼저 AI를 통해 레벨 테스트를 진행하고 AI가 학습자의 수준에 맞춰 문장을 제공한다는 것이다. '플랭'은 주요 표현을 학습자에게 미리 제공하지 않고, 1분 이내의 짧은 영상을 보여준 다음 학습자가 상황에 맞게 주요 표현 문장을 먼저 영작하는 기회를 준다. 그러고 나면 정답을 듣고 단어를 순서대로 배열해본 뒤 성우 발음을 따라 한다. 단순히 표현을 익히기 전에 자기만의 문장을 만들어볼 수 있어 적극적이고 능동적인 영어 공부를 유도한다. 또한 발음에 대한 피드백을 받고 영상 속도에 맞춰 문장을 읽어보면서 실제로 문장이 활용되는 상황을 연습할 수 있다는 점도 흥미롭다.

3. 슈퍼팬

유튜브에 올라온 다양한 영상의 원본을 전문가가 검수하여 한국어/영어 자막을 제공, 한 영상당 3~5개의 주요 표현을 선정해 단계별 퀴즈로 풀어보는 형태의 앱이다. 영화, 시사, 시트콤, 과학, 인터뷰 등 다양한 주제의 영상을 제공하며 전문적인 지식을 다루기도 한다. 단계별로 주요 표현을 학습하는데, 1단계에서는 영상을 즐기며 표현에 대한 설명을 읽는다. 2단계에서는 단어를 순서대로 배치해 문장을 완성한다. 3단계에서는 2단계 활동을 시간 내에 완료한다. 주요 표현에 대한 설명이 자세하고 다양한 예문을 제공하고 있어, 표현에 대해

깊이 이해할 수 있지만 발음을 녹음하고 피드백을 받는 기능은 없다.

4. 스픽

마지막으로 AI에 기반한 회화 중심의 앱이다. 다양한 문장과 상황을 통해 표현을 반복하여 말할 수 있도록 이루어져 있으며 AI의 피드백을 받을 수 있다. 다양한 레벨 중 한 가지를 선택하면 레벨에 맞는 다양한 표현이 코스로 제공된다. 한 표현당 학습 시간은 20~30분 정도다. 먼저 인터넷 강의처럼 선생님이 설명하고 나면 배운 표현으로 상황을 바꾸어가며 여러 번 반복하여 말하는 연습을 한다. 마지막으로 배운 표현을 활용하여 외국인과 상황극을 한다. 상황극 역시 3단계로 이루어져 있다. 성우 목소리 따라 하기, 글만 보고 읽기, 마지막으로 한국어만 보고 영어로 말해보기. 상황극이 진부하지 않고 재미있는 소재들로 이루어져 있으며 단계마다 결말이 조금씩 달라 반복해도 지루하지 않다. 또한 AI의 피드백 정확도가 높아 발음 개선에도 큰 도움이 된다. 놀라운 것은 주변 상황으로 인해 말하지 못하는 경우, 저장된 데이터를 통해 AI가 내가 말하는 것처럼 들려준다는 점이다. 주제와 관련된 다른 표현까지 확장하여 연결되므로 시간이 오래 걸리지만 학습을 마치고 나면 뿌듯함을 느낄 수 있다.

지금까지 다양한 영어 공부 앱을 살펴보았다. 각자의 성향과 학습 수준에 따라 선호하는 앱은 다르겠지만, 핸드폰으로 가볍게 공부하고 싶을 때 활용하면 좋은 학습 도구이다. 하루에 5분씩만 영어 공부를 한다 해도 1년에 1825분, 30시간 25분을 할 수 있다. 마음에 드는 앱을 하나 골라 오늘부터 영어 공부를 시작해보자. 가벼운 마음으로 시작한 짧은 영어 공부가 어느 순간 든든한 실력이 되어 있을 것이다.

초급부터 고급까지,
EBS 영어 라디오의 무궁한 세계

"선생님, 교포 출신이죠?"

영어로 대화를 나누고 나면 항상 받는 질문이다. 그런데 사실 나는 순수 국내파로서 국내에서 할 수 있는 거의 모든 영어 공부법을 시도해봤다고 말할 수 있다. 그 경험 덕에 초급부터 고급 수준까지 도움이 되는 콘텐츠가 무엇인지 선별할 수 있었다.

여기서는 다양한 스피킹 공부법에 대해서 자세히 소개하고자 한다.

—— EBS 라디오 어학당 프로그램

EBS 라디오 어학당 프로그램은 한국교육방송에서 제작하는 무료 라디오 프로그램이다. 프로그램별로 출간되는 교재와 함께 청취할 수 있으며, EBS 반디 앱이나 멜론 앱에서 유료 이용권을 구매하여 언제 어디서든 다시 들을 수 있다.

1. 입이 트이는 영어

전문 통번역사 이현석 선생님과 제니퍼 클라이드 선생님이 진행하는 프로그램이다. 일별로 새로운 토픽(주제)을 소개하며 다양한 어휘와 표현을 학습할 수 있다. 온·오프라인 스터디에서도 활발히 활용되는데, 주로 낭독한 녹음본을 가지고 피드백을 주고받는 형식이다. 통문장을 그대로 암기해보고, 패턴 문장을 상황에 맞추어 다양하게 적용해본다. 나아가 자신의 상황에 맞게 패턴 문장을 영작해봄으로써 실제적으로 활용해볼 수도 있다. 평일 아침, 출퇴근하는 이들의 든든한 영어 선생님이다.

2. 스타트 잉글리시/이지 잉글리시/파워 잉글리시

① 스타트 잉글리시

EBS 라디오 어학당 프로그램의 레벨 1에 해당하는 스타트 잉글리시는 영어교육학 박사인 이보영 선생님의 진행으로 방송된다. 엄선된 기초 영어 표현을 익히고 이를 3단계 속도(느리게-보통-빠르게)로 여러 번 연습할 수 있다.

② 이지 잉글리시

레벨 2는 초급 영어 콘텐츠를 대표하는 이지 잉글리시다. 베테랑 진행자인 김태연 선생님의 안정적인 진행을

바탕으로 원어민 선생님의 발음과 생생한 현지 영어를
익힐 수 있다. 상황을 주고 두 사람이 서로 대화를 나눌
수 있다는 점에서 실용적이다. 스터디를 한다면 그날의
대화문을 소재로 한 역할극(롤플레이)을 한다거나, 패
턴에 들어갈 단어를 바꾸어가며 연습할 수 있다.

③ 파워 잉글리시

레벨 3에 해당하는 파워 잉글리시는 중급 영어 콘텐츠
를 제공한다. UCLA 출신의 크리스틴 조와 캐머런 선생
님의 진행으로 EBS 최고 레벨답게 영어로만 진행된다.
영어를 모국어로 사용하거나 제2언어로 쓰는 환경을
원하는 분께 추천한다.

—— 낭독과 더빙

여러 읽기 방법 중 하나인 '소리 내어 읽기read aloud'
는 놀라운 힘을 가졌다. 영어로 대화할 상대를 찾지 못
할 때, 책은 훌륭한 친구가 되어준다. 등장인물의 성격
과 이야기를 파악하며 소리 내 읽는다면 영어 익히는 재
미가 배가 될 것이다.

1. 그림책 낭독하기

성인 학습자에게 그림책을 추천하는 이유는 무엇보다도
시각적 효과를 기대할 수 있기 때문이다. 같은 상황을 묘

사하더라도 단순히 텍스트로만 접했을 때보다 다양한 시각적 도움Visual Aid이 더해졌을 때 장기 기억으로 갈 확률이 높다. 오디오북까지 활용한다면 금상첨화다. 본인의 목소리로 낭독한 것을 녹음하여 출퇴근 시간에 반복하여 듣는다면 그 효과가 더 빛을 발할 것이다. 되도록이면 감정을 실어 연기하는 것을 추천한다.

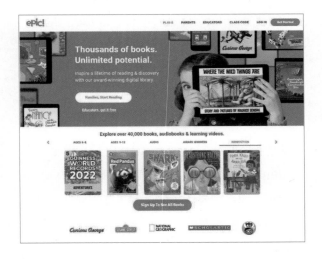

그림책을 접하는 리소스로 'epic!'(www.getepic.com)이라는 웹사이트를 추천한다. 한글 번역본을 제공하지는 않지만, 영어 원문 그대로를 습득한다는 측면에서 충분한 가치가 있다. 초등학교 운영 시간인 오전 7시부터 오후 3시까지, 학급 코드를 입력하고 자신의 캐릭터를 고르면 무료로 무제한 열람이 가능하다. 약 4만 권 이상의 그림책을 보유하고 있으며 시중에 판매되는 것도 있어 현실적으로 도움이 된다. 다만, 학급 코드를 생성할 수 없다면 부모 계정으로 가입하고 월 단위 또는 연 단위로 구독료를 결제해야 한다.

2. 윔피 키드 다이어리 시리즈 Diary of a Wimpy Kid Series

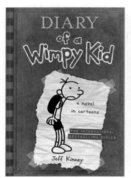

그림보다는 텍스트 중심의 그림책이다. 중학생 주인공의 그림일기를 바탕으로 다양한 사건을 소개한다. 아이의 시점으로 사건이 전개되기 때문에 독자가 자신의 어린 시절을 떠올리며 흥미롭게 읽을 수 있다.

영어 공부에는 왕도가 없다는 말이 있다. '어떻게 하면 영어를 잘할 수 있을까. 이렇게 계속 공부하면 되는 걸까.' 누구나 비슷한 고민을 하기 마련이다. 하지만 그 고민을 실천으로 옮긴 사람만이 원하는 실력을 얻을 수 있다. 영어 공부가 막연하고 버겁게 느껴진다면 그림책부터 탐독해보자. 매력적인 그림과 위트 있는 글솜씨에 빠져든다면 영어 실력도 함께 성장할 것이다.

애니메이션은 아이들만 보는 거라는
편견을 버려

초등학교에 들어가기 전에 있던 일이다. 부모님이 미국 출장을 다녀오며 기념품으로 비디오테이프 하나를 사주었다. 〈인어공주〉였는데, 당연히 한글 자막은 없었다. 지금은 쉽게 접할 수 있는 영상이지만, 그때는 유튜브도 넷플릭스도 심지어 케이블TV도 흔치 않던 시절이었다. 주인공이 뭐라고 하는지는 몰라도 신선한 그림체와 신나는 노래는 눈과 귀를 사로잡기에 충분했다. 틈만 나면 TV 앞에 앉아 비디오를 봤다. 너무 많이 봐서 비디오테이프가 늘어질 때쯤 부모님은 다음 출장에서 새로운 비디오테이프를 사 왔다. 그렇게 몇 해 동안 서너 편의 애니메이션을 무한 반복해서 봤다. 그랬더니 아이가 모국어를 받아들이는 것처럼 영어 듣는 귀가 열렸다. 운이 좋았다.

아이는 누군가 하는 말에 호기심을 갖고 주의를 기

울이며 듣는다. 알아듣지 못해도 계속 듣다가 어느 순간 조금씩 따라 하고, 그러다 말문이 트인다. 이후 듣고 말하며 한글 읽는 법을 배우고 쓰는 연습을 한다. 한국인이라면 누구나 다 겪는 과정이다. 외국어도 똑같다. 듣기-말하기-읽기-쓰기 과정을 거치며 언어가 완성되는데 다음 단계에서는 그 전 단계에서 익힌 기능을 활용한다. 듣기는 말하기, 읽기, 쓰기의 기초가 되는 기능이다. 힘들여 노력하지 않고 좋아하는 영상을 반복해서 봤을 뿐인데 영어를 배우는 기초 기능이 탄탄하게 자리 잡힌 것이다. 물론 듣기가 가능하다고 해서 바로 유창하게 대화를 한다든지, 긴 글을 술술 읽을 수 있는 것은 아니다. 하지만 귀가 트이고 나니 영어 공부가 훨씬 수월하게 느껴졌다.

초등학교 3학년, 학교에서 시행한 영어 수업은 듣기와 말하기를 활용한 놀이 위주로 진행됐다. 원어민 선생님의 쉽고 친절한 영어가 귀에 잘 들렸다. 하고 싶은 말은 한국인 선생님께 여쭤보거나 교과서에서 배운 표현을 사용했다. 덕분에 자신감이 생겨서 영어에 더욱 흥미가 생겼다.

대학생 때는 교환학생 지원을 위해 토플과 아이엘츠 성적이 필요했다. 듣기 평가의 난도가 꽤 높아 소리를 알아듣더라도 무슨 뜻인지 모르는 문제가 많았다. 어려운 강의를 들으면 한국어는 들리지만, 내용이 이해가 안 되는 것과 비슷한 상황이었다. 그런데 아예 영어조차 들리지 않던 친구들은 열심히 노력해도 점수가 나오지 않아 결국 교환학생 지원을 포기할 수밖에 없었다.

영어에 자신이 있긴 했지만, 교환학생으로 미국에서 대학교 수업을 들을 때는 어려움을 겪기도 했다. 지금까지와는 차원이 다른 영어가 주위에서 들렸다. 교수님의 수업 내용도, 친구들의 농담도 들리기는 하는데 뭐라고 말을 해야 할지 몰라 두 달 정도 조용한 학생으로 지냈다.

하지만 아이들 사이에 섞여 있으니 어느 순간 영어 실력이 폭발적으로 늘어나 쉴 새 없이 친구들과 떠들 수 있게 되었다. 토플을 공부하며 학습한 문법적 구조와 단어장에 적힌 표현들만 떠올렸다면 불가능했을 일이다. 입력 가설에 비춰볼 때 두 달 동안 귀로 입력된 내용이 입 밖으로 나왔던 것이다. 하지만 이 경험도 어릴 때부터 영어 듣기 탑을 쌓지 않았다면 불가능했을 것이다.

어린 시절에 경험한 영어 듣기 학습법은 다른 외국어를 익힐 때도 통했다. 고등학교에서 영화 동아리를 하며 인상 깊은 일본 영화를 반복해서 보았더니 일본어가 들리기 시작했고, 대학교에서 일본어 통번역까지 복수 전공을 할 수 있었다.

여행에서 만난 한국인이 영어를 잘하고 싶은데 어떻게 해야 하는지 물어보면 일단 귀에 들리게 만들라고 조언했다. 미드도 좋고, 음악도 좋다. 끊임없이 듣다 보면 영어가 들리고, 들려야 입도 뗄 수 있는 법이다.

부모라면 누구나 우리 아이가 영어를 잘하기를 바랄 것이다. 자신이 영어를 잘하니 기회가 많았다거나, 아니면 자신이 영어 때문에 고생해서 아이만큼은 힘들게 하고 싶지 않을 수도 있다. 적은 비용으로 아이가 스트레스 없이 영어에 마음과 귀를 열기 바란다면 아이가 좋아하는 애니메이션을 영어로 반복해서 보여주는 것도 좋은 방법이다. 그때 엄마, 아빠도 함께 시청하면 더 할 나위 없다.

비록 어린 시절, 영어에 노출된 경험이 충분하지 않더라도 듣기부터 시작한다면 분명 큰 도움이 될 것이다. 이때 쉽고 재미있는 애니메이션 영화가 초석이 되리라 확신한다. 특히 흥미 있는 장르나 캐릭터를 만나길 바란다. 반복이 생명인 듣기 훈련은 재미가 없으면 지속할 수가 없다. 실제로 내 남동생은 〈인어공주〉에 흥미가 없었기에 영어 듣기를 꾸준히 할 수 없었다. 그래서 수능도, 승진도 영어 때문에 고생하는 흔한 한국의 성인으로 자랐다. 만일 부모님이 사 온 비디오테이프가 남동생이 좋아할 만한 〈라이온 킹〉이나 〈타잔〉이었다면 동생의 영어 인생은 크게 바뀌었을지도 모를 일이다.

영어를 해야 하는
상황 속에
나를 밀어넣어라

*(Get out of your
comfort zone)*

컴포트 존에서 벗어나기

영어가 제자리걸음인 사람이라면, 언어 교환 모임

'한국에서는 영어를 쓸 기회가 절대적으로 부족하다!' 영어를 잘하고 싶은 사람이라면 누구나 한 번쯤 부딪쳤을 고민이다. 일반적인 한국인이라면 온종일 영어 쓰는 일이 얼마나 될까? 혹은 주변에 영어를 하는 사람이 얼마나 있는가? 운 좋게 이미 그런 환경에 놓여 있다면, 기회를 놓치지 않기 위해 부단히 노력하길 바란다. 대다수는 그런 기회조차 얻지 못할 가능성이 크다. 어떻게 하면 지속해서 영어를 쓰는 시스템을 장착할 수 있을까?

어릴 적, 한국에 선교 활동을 하러 온 푸른 눈의 원어민 선교사들을 만난 적이 있다. 어설픈 한국어로 더듬더듬 말을 하다가도 선교사들끼리 유창한 영어로 대화를 주고받는 걸 보며 느꼈던, 낯설고 이국적인 신비함을 잊을 수 없다. 그들과 영어로 말이 통한다면, 영어를 쓰는 사람들 속에서 영어를 배운다면 얼마나 좋을까. 이런 바람은 입시 영어 교육이라는 시스템 속에서 산산조각이 나고 말았다. 아마 이 글을 읽는 모든 사람이 똑같은 경험을 했으리라.

대학교 때 영어교육과에 진학했어도 원어민과 시간을 보내면서 영어를 배울 기회는 없었다. 큰맘 먹고 어학연수도 다녀왔지만, 더 큰 갈증을 느낄 뿐이었다. 대학교 4학년 때는 전국 학교에서 근무할 원어민 교사들을 모아서 연수하는 2주 프로그램의 운영을 돕는 근로학생으로 근무한 적도 있었다. 풀타임으로 일하며 여러 교포 친구들과 사귀었다. 취업준비생이었지만, 살아 있는 영어로 공부해야 영어 실력도 제대로 성장한다고 스스로를 안심시켰다. 취업을 위한 시험 준비를 하면서도 틈틈이 시간을 쪼개 영어 말하기를 공부했고, 프로그램이 끝난 후에도 그 친구들과 계속 교류했다. 그런데 교포 친구들도 계약 기간이 하나둘씩 끝나 귀국해버렸고, 1~2년이 지나자 내 영어 실력은 다시 제자리걸음을 하는 듯했다. 영어 공부도 공부였지만, 소중한 친구들과 헤어지는 것도 무척 아쉬운 일이었다.

다른 해결책을 찾아야 했다. 급한 마음에 인터넷을 검색해보았다. '언어 교환 모임'. 자신의 모국어를 서로 가르치며 원하는 언어를 배우는 모임이었다. 그래, 내가 필요했던 게 이거야! 이후 여러 모임에 참여해보면서 직접 언어 교환 모임을 만들면 어떨까 하는 생각이 들었다. 무모한 생각이었지만, 이 또한 시행착오를 겪으면서 얻는 점이 있으리라 믿었다. 무료로 참여할 수 있어 적게나마 사람들이 모이기 시작했다. 원어민도 필요하기에 한국에 남은 교포 친구도 불렀다. 모임에서 말할 주제를 미리 정하고, 교포 친구들과 같이 설명을 해주는 코너를 마련했다. 참여자도 그날 배운 표현, 혹은 준비해온 표현을 다른 사람에게 알려주기도 했다. 어느 정도 친해지고 난 후에는 체스를 두기도 하고, 탁구도 치면서 편안하게 모임을 운영했다. 모임이 끝난 후에는 SNS에 꾸준히 기록했고, 참여자들은 이 작은 커뮤니티에 강한 소속감을 느꼈다. 어딘가에 소속되어 영어를 써야만 한다는 가벼운 압박감이 큰 동기부여가 되었다.

모임에 오기 전부터 '생존'을 위한 문장을 수집하고 미리 소리 내서 연습했다. '어떤 영어 표현을 써야 언어 교환 시간에 좀 더 매끄럽게 대화를 이어나갈 수 있을까?'라는 구체적인 고민이 집중력 있는 학습으로 연결되었다. 열심히 준비해서 가도 때로는 계획대로 되지 않기도 했고, 어떨 때는 적절하게 문장을 잘 써서 몸에

전율이 올 때도 있었다. 잘 안 되었을 때는 자기반성도 하고, 잘되었을 때는 긍정적 강화를 하면서 모임 날짜를 영어 공부의 부표로 삼아 한 달, 한 달 항해를 거듭했다.

영어 실력이 제자리를 맴돌고 정체되어 있다고 느낀다면 언어 교환 모임에 적극적으로 참여하라고 조언하고 싶다. 언어는 살아 움직이는 생물 같다. 언어를 혼자 익히다 보면 언젠가 한계에 부딪치기 마련이다. 사람들과의 추억이 쌓이고 그 추억을 소재로 삼아 이야기하면서 구력이 생기기 시작한다. 관계가 깊이 쌓이지 않으면 표현할 수 없는 것이 존재하기 때문이다. 실제로 만나서 언어 교환을 하거나 스터디를 하는 것이 가장 좋지만, 여건이 안 된다면 비대면으로도 충분히 가능하다.

대부분 혼자 그럴싸한 계획으로 영어를 공부하리라 새해 다짐을 한다. 하지만 몇 달이 지나면 보기 좋게 실패한다. 학습 목표를 세우는 것만으로는 한계가 있다. 영어라는 매개를 통해 인간관계를 만듦으로써 강한 동기를 만들어보자. 개개인은 나약하지만 함께일 때는 강력함을 발휘할 수 있다. 공동의 목표를 가진 사람들과 어울리면서 긍정의 마음으로 실천해보자. 혼자 가면 빨리 가지만, 함께 가면 멀리 갈 수 있다.

영어 공부 소모임
200% 활용하기

'Set small goals and stick to them so that you can experience success.' 아주 작은 목표를 실천하면서 자주 성공하는 경험이야말로 영어를 공부하는 이들에게 가장 필요한 조언이 아닐까. 대학교 1학년, 영어 회화 수업 시간에 원어민 교수님이 자주 하던 말씀이다. 한국에 온 지 얼마 되지 않은, 다정하고 인자했던 그녀는 학생들을 3~4명씩 모아 조를 만들고, 서로 도움을 주고받으며 공부하게 했다. 모임에서는 교수님이 내주는 다양한 주제와 관련된 글을 읽으며 배경지식을 쌓고, 자기 생각을 영어로 정리하고 말하는 연습을 했다. 외국에서 살다 오거나 외고를 나온 친구가 있어 구성원 간에 실력 차이가 크게 났다. 하지만 주눅 들기보다는 그들에게 도움을 받으며 어깨를 나란히 할 만큼 실력을 키울 자신이 있었다. 구성원들과 작은 목표를 향해 함께 노력하며 즐겁게 시간을 보내다 보니 적은 노력으로도 큰 효과를 볼 수 있었다.

소모임을 통해 영어 실력이 크게 성장한 경험을 한 이후로 지속적으로 소모임을 만들고 운영하며 영어 공부를 지속했다. 요즘은 온라인상에 자기계발 챌린지 모임이 많아 자신에게 맞는 커뮤니티를 얼마든지 찾을 수 있으니 영어 실력을 점프하고 싶은 분들에게 꼭 추천한다.

소모임이 성공적으로 이어지기 위해서 꼭 지켜져야 할 몇 가지 원칙과 노하우를 소개한다.

—— 소모임 운영 노하우

1. 운영 형태에 대한 정확한 세팅이 필요하다

① 각자 목표에 따라 학습 내용과 양을 정한 뒤 인증하는 형태, ② 정해진 시간에 함께 공부하며 학습 루틴을 만드는 형태, ③ 같은 내용으로 학습 범위를 정해 함께 공부하며 도움을 주고받는 형태.

2. 작은 목표부터 시작한다

처음부터 욕심을 부리지 말고 영어 공부의 목표를 소박하게 세워 작은 것부터 실천해야 한다. 너무 큰 목표를 세우면 중간에 지쳐서 영어 공부를 끈질기게 하지 못하는 경우가 많다.

3. 소모임에 맞는 콘텐츠를 선정하여 공부한다

소모임에 적당한 콘텐츠를 선정하기 위해서는 단순히 개개인의 흥미를 좇기보다 모임의 목표를 먼저 살펴보자. 회화 실력을 향상하는 것이 목적이라면 뉴스, 영화 등 정확한 발음으로 빠르게 말을 하는 콘텐츠를 선택해 반복 청취하고, 섀도잉하는 것도 도움이 된다. 반면 프레젠테이션, 메일 작성 등 영어 글쓰기가 필요하다면 테드 강연을 활용해 영작 훈련을 해보자. 강연을 본 후 소모임 사람들과 글을 써보고, 피드백을 주고받는 것도 빼놓지 말자.

4. 루틴을 만들자

아무리 좋은 학습법이라도 루틴으로 정착되지 못하면 의미가 없다. 성공 경험을 축적하여 루틴을 만들어야 한다. 루틴을 만들면 학습 방법을 고민하고 선택하는 시간을 줄여 학습을 효율적으로 운영할 수 있다.

5. 다이어트에 'Cheat Day'가 있다면 영어 공부에는 'Fun Day'가 있다

매일 열심히 하는 것도 중요하지만, 소모임에서 의도했던 목표에 도달했을 때는 구성원들과 함께 노는 시간을 만든다. 보상은 긍정적인 기억으로 남아 다음번 학습 미션을 성공하는 데 심리적으로 큰 도움을 준다.

소모임을 통해 정보도 교류하고, 같은 목표를 향해 함께 나아가면 적은 노력으로도 좋은 결과를 얻을 수 있다. 함께하는 힘을 믿고, 소모임을 조직하거나 참여하여 영어 실력 향상이라는 공동 목표를 이뤄보자.

티칭은
최고의 아웃풋

공부한 내용이 24시간 후에도 얼마나 기억에 남아 있는지 나타내는 비율인 '학습 효율성 피라미드'에 따르면 '가르치기'가 90%짜리 공부임을 알 수 있다. 영어 학습을 할 때도 마찬가지다. 누군가를 가르치는 일은 재미도 있지만, 무엇보다 가장 효과적인 공부법이다. 다른 사람에게 자신의 지식을 알려줄 때 드는 보람과 책임감은 자기 공부를 이어나가는 훌륭한 원동력이 된다. 그뿐만 아니라 가르치는 과정에서 자기 학습의 메타 인지를 키울 수 있다. 머릿속으로만 아는 지식을 말로 해보면 자신이 그 지식에 관해 제대로 알고 있는지 정확히 파악할 수 있다. 안다고 생각했지만 사실은 제대로 알지 못했던 부분을 채워가면서 효과적인 학습을 할 수 있다.

1. 자신이 먼저 공부한 것을 바탕으로 목표 설정에 도움을 주어라

스터디를 조직하여 함께 공부하다 보면 장·단기적으로 어떤 것을 공부해야 할지 고민된다. 그때 미리 공부한 것을 구성원들과 공유하며 스터디의 목표를 설정해 보자.

2. 스터디 콘텐츠 선정에 도움을 주어라

테드 강연이나 영자 신문, 원서, 미드의 경우 콘텐츠 양이 워낙 방대해 학습 자료를 고르기 어렵다. 콘텐츠 목록에서 몇 개를 골라 먼저 살펴보고 상황에 맞게 내용을 선정한다. 학습 자료를 정하는 것도 가르치는 데 매우 중요한 부분이다.

3. 원어민이 자주 쓰는 표현, 필수 어휘 등을 공유하자

테드 강연이나 영자 신문, 원서, 미드 같은 콘텐츠에는 원어민이 자주 쓰는 표현이나 필수 어휘가 많이 나온다. 영어 공부에 필요하다고 생각하는 것을 정리하여 공유하자. 사람마다 모르는 어휘나 중요하다고 생각하는 표현은 다를 수 있다. 자신이 생각하는 중요한 표현을 공유하면 다른 사람이 정리하는 수고를 줄일 수 있고, 타인의 생각과 비교해보는 기회를 줄 수 있다.

4. 상황이나 배경지식을 활용하여 내용 이해를 돕자

영어는 단순히 외워서 말하는 것이 아니라 상황에 맞게 표현하는 게 중요하다. 물론 아주 기본적인 단어나 표현은 외워야겠지만 영상, 책 등 다양한 콘텐츠를 통해 접하게 되는 영어는 상황의 맥락이나 배경을 무시하고 공부할 수는 없다. 내가 알게 된 다양한 정보와 배경지식 등을 공유하면서 콘텐츠에 대한 이해를 돕고 흥미도 자극해보자.

5. 내용 이해와 관련된 문제와 그 답지를 공유하자

간단한 문제를 만들어 해당 자료를 이해했는지 점검하는 시간을 갖자. 적절한 해답을 알려주면서 해당 문제에 관한 보충 설명을 해야 제대로 된 티칭과 러닝이 이루어진다.

6. 프리토킹 주제를 미리 만들어 제시하자

영어를 함께 공부할 때 좋은 점은 대화할 상대가 있다는 것이다. 프리토킹은 스터디를 하면서 느꼈던 생각이나 감정을 공유하는 좋은 기회다. 대화 주제는 미리 정해 사전 준비를 할 수 있도록 여유를 가진 다음 대화를 나누자.

영어 '마스터'가 아닌,
영어를 매일 하는 사람

　처음부터 잘하는 사람은 없다. 자신의 목표를 이루는 사람과 그렇지 않은 사람의 차이는 시도하기를 멈추지 않았다는 데 있다. 혼공스쿨 멘토 22명의 공부법은 이 책을 읽는 당신처럼 수많은 고민과 방황 끝에 찾은 것들이다. 성공적인 영어 학습법의 행간에는 이들의 좌절과 실패가 숨어 있다는 걸 잊지 말자.

　멘토 22인의 다양한 영어 공부 방법에는 '교집합'과 '여집합'이 있다. 교집합이 되는 부분은, 어느 정도 일반화될 수 있는 효율적인 공부법일 것이다. 여집합 부분은 각기 다르지만, 누군가에게는 어울리는 공부법이 될 수 있으니 시도해보길 바란다.

　다만 어디까지나 '외국어'인 영어를 꼭 원어민처럼

쓸 필요는 없다. 자신의 근무 환경이나 영어를 꼭 써야만 하는 사람이 아니라, 자기계발 혹은 자기만족으로 영어를 공부하는 사람이면 '필요한 만큼만' 영어 공부를 했으면 한다. 영어 공부를 적당히 하라는 의미가 아니라, 영어 공부로 인해 스트레스받지 말라는 뜻이다.

새해 다짐에 늘 빼놓을 수 없는 '영어 공부'라는 막연한 목표는 치워버리자. 대신 매일 저녁에 보는 예능이나 유튜브 채널처럼 자기가 애정하는 영어 콘텐츠를 하나 보는 것으로 시작하자. 이왕이면 즐겁게, 재미있게. 영어를 잘하는 단 하나의 비결이 있다면 재미다. 재미있으면 더 하게 되고, 즐거우면 계속하게 되고, 그러다 실력도 느는 것이다.

초등학교에서부터 대학, 대학원에 이르기까지 교육에도 단계가 있는 것처럼 영어 공부도 수준별 목표를 세워보는 건 어떨까. 자기 수준에 맞게 목표를 세우고, 그 목표치에 도달했다면 그 단계를 '졸업'했다고 선언해보는 거다. 공부에도 '졸업'이라는 '세리머니'가 필요하다. 그 시간 동안 꾸준히 성실하게 공부해온 자신을 칭찬하고 자부심을 느껴보자. 자기효능감을 얻을 수 있고 다음 단계에 도전할 힘도 생길 것이다.

　　　　마지막으로 당부의 말을 덧붙인다면, 영어는 언어

자체를 배우는 학문이 아니라 '도구'라는 점이다. 이를 테면 캠핑에 필요한 도구처럼 말이다. 캠핑 도구는 캠핑을 즐기기 위한 수단일 뿐이다. 캠핑 도구만 열심히 익히느라 정작 캠핑을 떠나지 못한다면 얼마나 안타까운 일인가. 우리는 종종 도구를 이해하고 파악하느라 정작 캠핑의 즐거움을 잊을 때가 많다. 중요한 것은 온갖 캠핑 도구를 섭렵하는 게 아니라 자기가 계획한 캠핑에 맞는 적절한 도구를 선별할 줄 알고 그것을 얼마나 잘 다룰 수 있느냐 하는 것이 아닐까.

　이 책을 통해 당신이 영어 공부의 부담감을 내려놓을 수 있기를 바란다. 그리고 조금은 더 가볍고 즐겁게 영어와 만날 수 있기를. 당신이 영어를 정복하는 게 아니라 '영어를 매일 하는 사람'이 되기를 응원한다.

혼공스쿨 22인 일동

The only thing worse than starting something and
failing is not starting something.

무언가를 시작하고 실패하는 것보다 더 나쁜 것은
아무것도 시작하지 않는 것이다.

세스 고딘Seth Godin

신영환
인스타그램 @studyflex365

외고에서 영어를 가르치는 교사이자 공부법 관련 글을 쓰는 작가. 전국연합평가 출제 및 검토 위원, EBS 연계교재 사전 온라인 검토 등 영어 평가에 관한 활동을 이어오고 있다. 혼공스쿨 운영진 활동 및 유튜브 채널 'STUDYFLEX'를 통해 진로 진학 및 영어교육 발전에 힘을 보태고자 노력 중이다. 지은 책으로는 《1등급 공부법》, 《공부 잘하는 아이는 이런 습관이 있습니다》, 《공부하느라 수고했어, 오늘도》, 《초중고 영어공부 로드맵》(공저) 등이 있다.

혼공쌤 허준석
인스타그램 @hongong2008

국내 최대 영어 콘텐츠 크리에이터이자 혼공스쿨 설립자. 공립학교에서 16년, EBS에서 15년 동안 영어를 가르쳤다. 400만 명의 수강생을 만나고 3000편의 콘텐츠를 제작했다. 현재 (주)혼공유니버스의 대표이사이며, 다양한 채널을 통해 학부모, 교사, 학생과 소통 중이다. 혼공영어 시리즈 포함 40여 권 이상의 저서를 집필했고 다수의 공·사교육기관과 컨설팅, 강연 등 협업을 진행하고 있다.

이은주
인스타그램 @ttasbooks

초등학교 교사. 교대 및 교대교육대학원에서 초등영어교육을 전공, 어린이영어교육연구회에서 TESOL을 수료했다. 부모, 선생님과 함께 아이들을 잘 키우기 위한 이야기를 나누는 블로그 '따스의 교육이야기'를 운영하고 있으며, 지은 책으로는 《알파벳 무작정 따라하기》, 《초중고 영어공부 로드맵》(공저), 《하루 한장 English BITE 초등 영단어 6학년 과정》(공저)이 있다.

기나현
인스타그램 @teacher_kina

중학교 교사. 영어 관련 다양한 연구 활동에 참여하는 중이다. 지은 책으로는 《재택학습력》(공저), 《초중고 영어공부 로드맵》(공저)이 있고, 옮긴 책으로는 《Junie B. Jones》와 《The Baby-Sitters Club》 시리즈가 있다.

김수정
인스타그램 @official_suessam

초등학교 교사. 2022 영어과 교육과정의 경기도 핵심교원을 맡아 교육과정을 연구했으며 경기도교육청 외국어교육 정책지원단 활동을 한 바 있다. 유튜브 '수팝두팝' 채널을 통해 학생들과 친근하고 재미있게 영어 공부를 하고 있으며 E학습터와 경기도교육청에 영어 교육 영상을 제공했다. 지은 책으로는 《혼공 초등영문법》 3권(공저), 《재택학습력》(공저)이 있다.

김여진
인스타그램 @zorba_the_green

초등학교 교사. '좋아서 하는 그림책 연구회' 운영진으로 그림책과 영어 그림책을 연구하고 있다. 지은 책으로 《피땀눈물, 초등 교사》, 《재잘재잘 그림책 읽는 시간》, 《좋아서 읽습니다, 그림책》, 《하루 한장 English BITE 초등영단어 5학년》(공저)이 있으며, 번역한 책으로는 《독자 기르는 법》, 《집 안에 무슨 일이?》, 《나는 ( ) 사람이에요》, 《나의 아기 오리에게》, 《선생님을 만나서》, 《돌을 다듬는 마음》, 《네가 숨 쉴 때》, 《더더더 몬스터》, 《고래야 사랑해》, 《동물이 좋다면 이런 직업!》 등이 있다.

김재희

초등학교 교사. 경인교육대학교에서 교육방법으로 석사 학위를 취득했다. 초임 발령 후 중국 상해한국학교에서 영어 전담 교사로 2년간 재직하며 다양한 수준과 환경의 학생들에게 적절한 학습 경험을 제공하기 위해 노력했다. 능률교육 시리즈 교재 강의를 검수했다.

류경아
인스타그램 @thedreamproject2020

연세대학교에서 영어교육으로 석사 학위를 취득했다. 고등학교 교사로 근무하며 남호주 교육청과 국제교류 MOU를 체결, 호주-한국 고등학교의 화상 수업 프로그램을 기획 및 진행했고, 서울대학교 글로벌공학교육센터에서 해외 대학과 화상 수업 프로그램을 운영했다. 네이버 카페 혼공아카데미를 운영하는 혼공 아일린샘으로 활동 중이다. 지은 책으로는 《EBS 성적 쑥쑥 더뉴 중학 영어》(공저), 《재택학습력》(공저)이 있다.

문수경
인스타그램 @sugyeong3816

고등학교 교사. 한양대학교에서 영어교육과 석사를 취득했다. 2018~2020년까지 교육청 주관 학교 단위 영어 멘토링 프로그램을 운영했다.

박은솔
인스타그램 @engjamie_t

중학교 교사. 한국외국어대학교에서 영어학과 경영학을 전공했다. 내용 중심 학습 이론을 바탕으로 과학영재반에서 영어몰입식 과학을 가르치고 있으며, 경기도교육청 외국어교육 정책지원단으로 활동하고 있다.

백서화
인스타그램 @ddoha_ssam

초등학교 교사. 영어 그림책 및 영어 교육 관련 연수를 받았고, 전북대학교 TESOL 과정을 수료했다. YBM 교과서 자료 개발에 참여하고 있다.

석정은
인스타그램 @vitaminjay01

중학교 교사. 고려대학교 영어교육과를 마치고 IGSE 교재개발학과 석사 과정을 졸업했다. 지은 책으로는 《초중고 영어공부 로드맵》(공저), 《수능 영어 100일의 기적》(공저), 《혼공 중학영문법 문제특강 Level 2》(공저)가 있다.

신정은
인스타그램 @english.picturebook

한영 통번역사이자 영어 강사. 서울외국어대학원대학교에서 한영 통번역 석사 학위를 취득했고, 정부 기관, 공기업, 외국계 기업에서 통역사 및 임직원 영어 강사로 활동했다. 어린이영어교육연구회에서 TESOL을 수료했고 어린이 대상 영어 원서 수업을 하고 있다.

왕신애
인스타그램 @sinaewang

초등학교 교사. 경북대학교 대학원에서 영어교육 전공으로 박사 학위를 취득했고 어린이영어교육연구회에서 TESOL을 수료했다. 구글 트레이너로 활동하며 디지털 리터러시와 영어 교육의 접목을 통한 미래형 영어 교육에 관심을 가지고 다양한 수업 콘텐츠를 제작 및 제공하는 데 힘쓰고 있다. 지은 책으로는 《하루 한장 English BITE 초등 영단어 6학년 과정》(공저)이 있다.

유지혜
인스타그램 @missryu6

초등학교 교사. 서울교육대학교에서 영어교육과 석사를 취득했다. 현재 YBM 자문위원으로 YBM 영어 교과서 자료 개발 및 교원 연수에 참여하며, EBSe 홍보 교사로 EBS 영어 채널의 영어 학습 영상, 웹툰, 영어 말하기 애플리케이션 'AI펭톡' 등 다양한 프로그램의 기획 및 자문위원으로 활동하고 있다.

이시화
인스타그램 @booktreatment

초등학교 교사. 교대 및 교대교육대학원을 졸업하고, 숙명여대 TESOL을 수료했으며 현재 어린이영어교육연구회에서 TESOL을 전공하고 있다.

이재영
인스타그램 @youngt_2021

초등학교 교사. IGSE 교재개발학과 석사를 졸업하고, 온·오프라인 수업과 교재를 개발하는 데 힘쓰고 있다. 지은 책으로는 《하루 한장 English BITE 초등 영단어 3학년 과정》(공저), 《혼공 초등영문법 쓰기편》(공저), 《혼공 초등영문법 기초구문편》(공저), 《1일 1페이지 영어 365》(공저), 《영쌤의 초등 파닉스》(1, 2권) 등이 있다.

임소연

초등학교 교사. 경희대학교 영어학부에서 영어통번역을, 춘천교육대학교에서 초등영어교육을 심화 전공했다. 영어 교육에 관련된 다양한 활동에 참여하는 중이다. 지은 책으로는 《하루 한장 English BITE 초등 영단어 6학년》(공저), 옮긴 책으로는 《The Popper Penguin Rescue》, 《The Baby-Sitters Club》 시리즈가 있다.

장창윤

초등학교 교사. 한국교원대학교와 미국 조지아주 교육부가 공동주관한 초등영어교사 심화 연수 프로그램을 수료하고 조지아주 둘루스의 차타후치Chattahoochee 초등학교 파견교사로 근무했다. IB(국제 바칼로레아) 교육과정 연구를 목적으로 부산국제외국인 학교에서도 파견교사로 일했다. 저서로는 《하루 한장 English BITE 초등 영단어 4학년》(공저)이 있다.

정선린
인스타그램 @teacha.seol

중학교 교사. 호주 태즈메이니아에서 영어교사 실습을 받았으며, 시드니대학에서 교사 심화 연수를 이수했다. 현재 YBM 교육자문위원으로 교과서 자료 개발에 참여하고 있다.

최민정
인스타그램 @ashley_ssam

애슐리 영어공부방 운영. 영문학 학사, 영어교육학 석사, 그리고 IGSE 교재개발학과 석사과정을 졸업하고, 영국 Nile Institute CLIL 과정을 이수했다. 두산동아 및 YBM ELT 교재들을 감수했고, 혼공스쿨 기초영문법 및 기초구문 집필에 참여했다. 지은 책으로는 《시원스쿨 초등 영어 파닉스》(공저)가 있다.

한수현

초등학교 교사. 광주교육대학교 초등영어교육을 심화 전공했고, 숙명여대 TESOL 과정을 수료했다. 현재 경희대학교 대학원 교육학과 교육과정 전공 박사 과정에 재학 중이다.

25만 팔로워가 열광한 혼공스쿨 멘토 22인의 영어 필승법

영어 잘하는 사람보다 매일 하는 사람

초판 1쇄 인쇄 2023년 2월 24일
초판 1쇄 발행 2023년 3월 3일

지은이 신영환 외 혼공스쿨 21인

대표 장선희 **총괄** 이영철
책임편집 현미나 **기획편집** 이소정, 정시아, 한이슬
책임디자인 최아영 **디자인** 김효숙
마케팅 최의범, 임지윤, 김현진, 이동희
경영관리 김유미

펴낸곳 서사원 **출판등록** 제2021-000194호
주소 서울시 영등포구 당산로 54길 11 상가 301호
전화 02-898-8778 **팩스** 02-6008-1673
이메일 cr@seosawon.com
블로그 blog.naver.com/seosawon
페이스북 www.facebook.com/seosawon
인스타그램 www.instagram.com/seosawon

서사원은 독자 여러분의 책에 관한 아이디어와 원고 투고를 설레는 마음으로 기다리고 있습니다.
책으로 엮기를 원하는 아이디어가 있는 분은 이메일 cr@seosawon.com으로 간단한 개요와 취지,
연락처 등을 보내주세요. 고민을 멈추고 실행해 보세요. 꿈이 이루어집니다.